人事の超プロが教える

会社員 50歳からの生き残り戦略

Futoshi Nishio

西尾 太

PHP
Business Shinsho

JN110483

PHPビジネス新書

はじめに　――50代とはどのような世代か？

「50代についての話を聞かせてください」

2020年のコロナ禍《か》前後から、そんなご依頼が増えてきました。2021年より、70歳までの就業機会の確保が企業の努力義務となり、そのためか、主に45歳以上の社員を「早期退職」「希望退職」という名目でリストラする企業が急増しています。

50代をどのように生きるのか、どのように働くのか、どのように雇用するのか。50代の当事者からも、これから50代を迎える世代からも大きな注目が集まっています。

著者である僕自身も50代です。1965年生まれで、現在は56歳。総合人事コンサルティングのフォー・ノーツ株式会社の代表を務めています。

50歳からの働き方を考える本書を書くにあたり、「50代社員に関する意識調査」というアンケートを行いました。20〜40代のオフィスワーカー300名に**「身近な50代の社員に、何歳まで働いてほしいですか。」「期待する能力はどのような点ですか。」「どのよ**

うな点を課題と感じていますか。」といった質問をしてみました。

詳しい結果は本文で紹介しますが、**「あなたの身近な50代の社員に対して、普段感じていることを自由にお答えください。」**という質問に、次のような回答がありました。

「業務知識が豊富で頼りになる」(20代・男性)
「いろいろと教えてくれたり、フォローしてくれるので助かる」(20代・女性)
「誰よりも仕事熱心で、周囲に刺激を与えている」(30代・男性)
「経験豊富で若い社員も積極的に教育してくれる」(30代・女性)
「年下や同世代よりも話しやすい」(30代・女性)

ありがたいことです。50代として嬉しい意見がたくさんありました。正直ほっとしました。しかしやはり一方で、残念ながらポジティブな意見ばかりではありませんでした。ネガティブな意見も紹介しましょう。

「向上心がなく死んだ魚の目をしている」(20代・男性)

「知識や考えが古かったりする。もう少し柔軟さがあると嬉しい」（20代・女性）
「使えないのに給料だけ高い」（30代・男性）
「昔の話をする。面倒」（30代・女性）
「セクハラ、パワハラに該当するような言動を控えてもらいたい」（30代・女性）

その他にも「働かなさすぎる」「扱いづらい」「早く辞めてほしい」など、厳しい意見も少なくありませんでした。厳しいですね。「死んだ魚の目」……これはテレビのニュース番組でも取り上げられてしまいました。これらは真摯《しんし》に受け止めなくてはならないでしょう。

我々50代は、デジタル・ネイティブな若い世代からしたら、たしかに知識や考えが古かったりするかもしれません。20代、30代の頃と比べたら向上心を失っているかもしれません。年功序列によって実力以上の高い給料をもらっていることもあるでしょう。セクハラ・パワハラについても、昔の認識を捨てて、意識を切り替えなければいけないでしょう。

でも皆さん、50代になって何かが大きく変わりましたか？

50代といえば、国民的アニメ『サザエさん』の磯野波平《いそのなみへい》さんと同じ年代です。波平さんは54歳だそうです。僕は56歳ですから、いつの間にか波平さんより年上になっていました。

僕らが子供だった頃は、50代といえば波平さんのようなお年寄りのイメージでした。社会人になってからも「立派な大人」という印象を持っていましたが、実際に50代になってみて、いかがでしょうか?

僕自身は30代後半くらいから大して変わっていないように思います。「成長した部分もあるかな」と思わないこともないですが、精神的にそれほど大人になれていません。波平さんのような貫禄もありません。ただ、肉体的には全然元気ですし、髪の毛だって1本以上あります。

今の50代は、もっと若いですよね。

『サザエさん』のアニメが始まったのは1969年。最近、50歳になったばかりの人たちが生まれた昭和44年です。『サザエさん』の世界は時間が止まっていますから、波平さんは50年前の54歳なのです。当時の定年は55歳。波平さんは定年まであと1年です。だから、あくせく働いたりせず、趣味の盆栽や俳句に精を出しているのでしょう。現代の感覚からすると、波平さんは75歳くらいに思えます。

この50年で、日本は大きく変わりました。

現在では、定年は60歳まで延び、65歳までの雇用確保義務が段階的に実施されています。２０２１年4月には70歳までの就業機会の確保が努力義務になりました。近い将来、定年は70歳まで延長されるでしょう。

少子高齢化が進み、日本人の平均年齢は、50年前は20歳代でしたが、現在は48歳。ほぼ50歳です。我々50代は今、日本のほぼ「ど真ん中の世代」なのです。

まだ50代を経験していない若い世代は、今でも「50代＝波平さん」のようなイメージを持っているかもしれません。実際に50代になった人にも、昔のイメージを更新できなくて、枯れてきてしまっている人が見受けられます。

加齢によるマイナス面も、もちろんあるでしょう。小さな文字が読めなくなったり、固有名詞が出てこなかったりします。髪や歯もメンテナンスが必要だったりします。ＩＴが苦手な人も多いでしょう。そういう意味では、我々は「弱者」なのかもしれません。

ですが、逆にいえば、その程度です。

老眼鏡があれば、本も新聞も読めますし、固有名詞を忘れても、スマホで検索すれば問題ありません。ITだって覚えればいいだけの話です。

50代には、50代の強みがあります。

我々は60代になっても、70代になっても働くかもしれない世代です。50代になったからといって、「定年まで逃げ切ろう」とか「もう終わり」とか「今さら頑張っても」とか、ネガティブなことを言っている場合ではないのです。

50代は、日本の人口でいちばんのボリュームゾーンです。この世代が「もう無理」とか「枯れよう」とか思っていると、日本はダメになってしまいます。自分のため、家族のため、社会のために、あと20年、30年は頑張らなくてはいけないのです。

20年、30年といえば、社会人になってから、あるいは30歳になってから現在までと同じくらいの時間です。まだまだ先は長いのです。

本書は「50代社員に関する意識調査」の結果を紹介し、まずは50代のビジネスパーソンの現実をしっかりと受け止めます。そのうえで、**50代の強みやコミュニケーション、転職や独立しても困らない年収を維持・向上する力、50代以降のキャリアビジョンに関するアドバイス**などをお伝えしていきます。

人生100年時代です。若い世代からどう見られているか、ということを受け止め理解しつつも、僕らは僕らなりの生き方をしていきましょう。

我々50代が楽しく元気に働き続けることで、若い世代の人たちも、そして何より僕たち自身も幸せになれるはずです。

第1章

現実を見よう 「50代社員に関する意識調査」結果報告

第2章

人事部長として困る50代、ありがたい50代

第3章 50代の強みを考えよう

第4章 50代のコミュニケーション

第5章 転職しても困らない年収を維持・向上させる力

第6章 中長期的なビジョンとプランを持とう

編集協力　谷田俊太郎

第1章

現実を見よう

「50代社員に関する意識調査」結果報告

50代は、若い世代からどう見られているのか

企業における「定年延長」やそれに関連するであろう「黒字リストラ」など、少子高齢化による問題が顕在化する昨今、50代社員は、若い世代からどう思われているのか？ どこがズレているのか？

50代社員がこれからも活躍するために、僕が代表を務める総合人事コンサルティングのフォー・ノーツ株式会社では、全国のオフィスワーカー400名を対象に「50代社員に関する意識調査」を実施しました。

高年齢者雇用安定法の改正（2021年4月）により、70歳までの就業機会の確保が義務づけられ、今後高齢者雇用の当事者になっていくであろう50代の社員が、「20〜40代の社員からどのように思われているのか」「自身のことを、どのように評価しているのか」などについて、得られたアンケート結果を分析し、世代間の「認識のギャップ」について明らかにしました。**特に注目すべきポイント**は、左表の4つです。

第1章では、これらの結果を踏まえながら、我々50代のビジネスパーソンが直面して

「50代社員に関する意識調査」アンケート結果

■ 調査概要

調 査 名：「50代社員に関する意識調査」
対 象 者：①20～40代のオフィスワーカー
（身近に50代の社員が働いている方）
②50代のオフィスワーカー
（身近に20～40代の社員が働いている方）
対象地域：全国
男 女 比：男性59.5%　女性40.5%
調査方法：インターネット調査
調査期間：2021年9月16日～9月20日
回 答 数：①各年代100名、計300名
②100名

■ 結果分析のポイント

- 20～40代社員は、概して50代自身の自己評価よりも50代社員を評価しており、期待もしている。
- 「デジタルツールに対応できない」「周囲への配慮に欠けた振る舞いをする」などの項目について、20～40代社員に比べ、50代社員の方が課題と感じている割合が低く、世代間の課題認識にギャップがみられる。
- 「新たなスキルや知識を身に付けたり、未経験の仕事に取り組む」ことに関して、20～40代社員は、50代社員にその能力があると評価し、期待もしている。一方、50代社員自身は、その能力が低いと自己を評価し、新しいことに取り組む意欲も低い。
- 50代社員の給与水準に関して、仕事の成果と比べて「低いと思う」50代社員は、20～40代社員に比べ3割近く多く、世代間の認識にギャップがみられる。

■ アンケート結果 全データ

各世代別のデータや、「50代社員に対して感じていること」の自由回答など、アンケート結果の全データは、こちらからダウンロードできます。

▼

https://www.fournotes.co.jp/files/20220124.pdf

いる現実を見ていきます。若い世代からの印象、社会背景、今後の雇用動向、そして自分たちのビジネススキルを確認することで、50代の働き方が見えてきます。

70歳定年制になる。まだまだ働かなければならない

僕ら50代は、いったい何歳まで働くのでしょう?

20～40代のオフィスワーカー各世代100名、計300名に**「あなたの職場にいる身近な50代の社員に、何歳まで働いてほしいですか。」**と聞いてみました。

結果は、左表の通りです。最も多かったのは「65歳」の32・3%、次に多かったのは「働ける限り」の32・0%。「すぐにでも辞めてほしい」は、わずか8・4%で、9割以上の人が50代社員に長く働くことを望んでくれていました。これは嬉しいことではないですか?

一方、50代のオフィスワーカー100名にも**「あなたは何歳まで働きたいですか。」**と聞いてみました。最も多かったのは、やはり「65歳」の28・0%。「60歳」の26・0%、「働ける限り」の17・0%と続きます。

あなたの職場にいる身近な50代の社員に、何歳まで働いてほしいですか。[単]

20代～40代

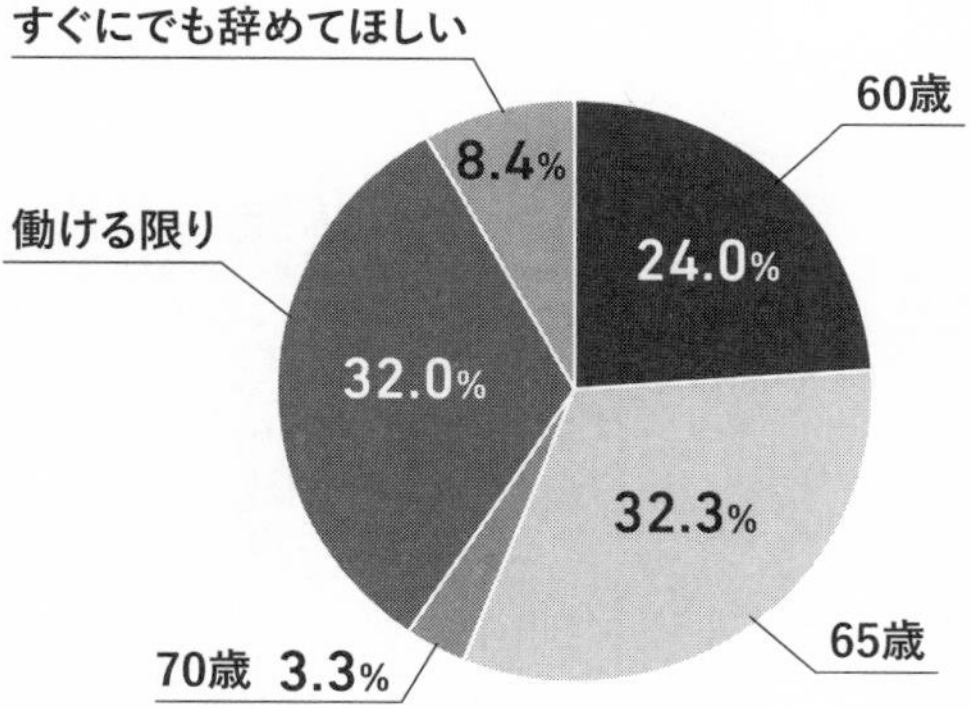

50代

あなたは、何歳まで働きたいですか。

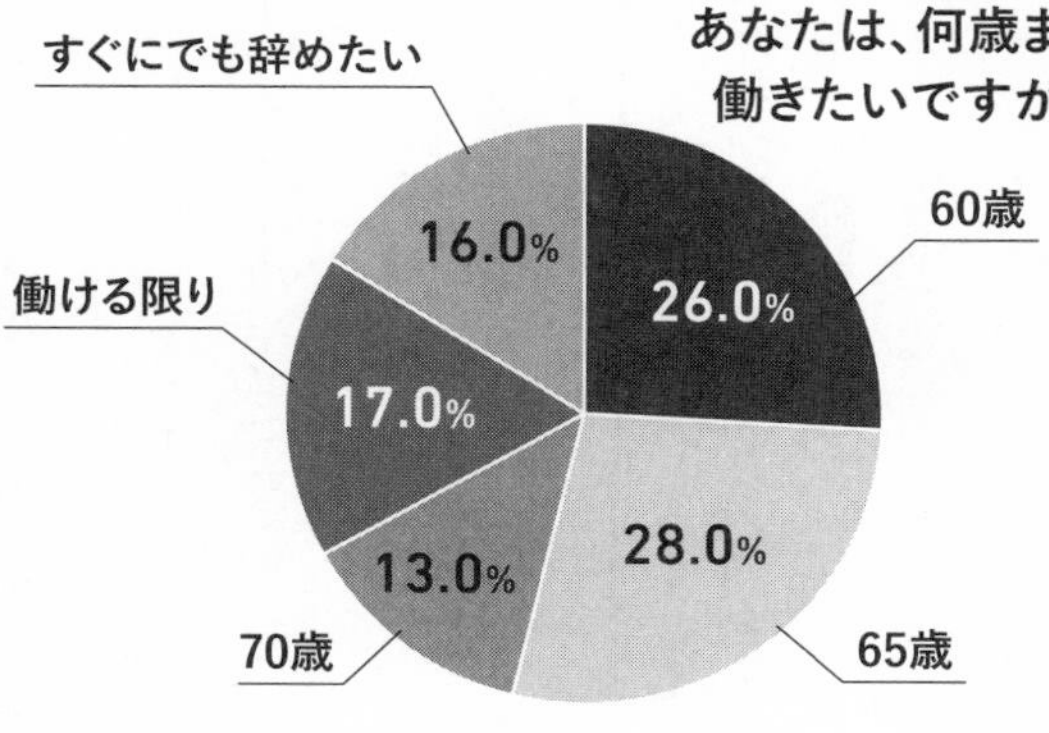

しかし、次に多かったのは「70歳」ではなく、「すぐにでも辞めたい」の16・0％でした。辞めてどうするんでしょう?

これは50歳からの働き方を考えるうえで、まず考えておきたいテーマです。

僕たち50代が社会人になった1980年代の中頃から1990年代の中頃にかけては、定年は55歳でした。僕は56歳ですから、当時なら定年退職している年齢です。

しかし今でも働いていますし、少なくとも65歳ぐらいまでは働くかなあと思っています。場合によっては、70歳になっても、さらにその先も働き続けるかもしれません（当社の社員からは、「きっと80歳になってもあいつは来るよ」と言われているようです）。

定年制度は、1998年に60歳まで延びました。2000年には「65歳にしよう」という動きが始まり、2006年に65歳までの雇用確保措置が義務化。2013年には希望者全員に対して65歳までの継続雇用が義務化（2025年まで経過措置中）。

2021年4月には、70歳までの就業機会の確保が企業の努力義務になりました。これまでの流れを考えると、あと数年で義務化されるのではないでしょうか。

僕たちが70歳になる頃には、定年自体が70歳になっているかもしれません。社会人になった頃は、55歳が定年だったのに、途中で60歳になり、さらに65歳に延び、もうすぐ定年だなと思ったら70歳になる。我々50代は、なかなか定年になれない世代なのです。

そして、65歳や70歳まで働くことができたとしても、一般的には給与が下がります。

現在の65歳までの雇用確保措置の方法としては、「継続雇用制度の導入」「定年を65歳にする」「定年制の廃止」のいずれかを雇用者側が選択することになっています。

多くの企業が選択しているのが「継続雇用制度」です。これは60歳で定年とし、その後、本人が希望すれば、引き続いて雇用する「再雇用制度」のことを言います。

継続雇用になったとしても、再雇用として給料は下げられます。7割程度になる会社が多いですが、5割という会社もあります。

定年延長にともない、年金がもらえる年齢も延びています。現在は64歳ですが、2025年には65歳になります。今後もさらに延びていくことが予想されます。

定年後は働かなくても十分暮らせるだけの蓄えがある人はともかく、「すぐにでも辞めたい」と思っていても、働かざるを得ない場合もあるかもしれません。

僕たち50代は、あと15年、20年、あるいはもっと働き続けることになるかもしれません。それを踏まえたうえで、今後の働き方、キャリアビジョン、ライフビジョンを考えていくことが、50代における重要なテーマとなります。

自分の年収は適切か？　パフォーマンスより年収が高い人は危ない

次に、20〜40代の人たちに**「あなたの職場における50代の社員の給料は、仕事の成果と比べて、適正だと思いますか。」**と聞いてみました。また、50代の社員100名にも、同じ質問をしてみました。

50代社員の給料は、仕事の成果と比べて「低いと思う」と答えた20〜40代の回答は、10・3％。一方、50代は38・0％。仕事の成果と比べて「自分の給料は低い」と考えている50代が約4倍もいることになります。これは危険ですよ。

また、50代社員の給料は仕事の成果と比べて「高いと思う」と答えた20〜40代の回答が22・7％なのに対して、50代で「高い」と答えた割合は半分以下の9・0％。

50代の給与を仕事の成果と比べて「高い」と考えている20〜40代と、「低い」と考えている50代の認識のズレが浮き彫りとなる結果になりました。

自分の年収は適切かどうか。これは50代以降の働き方を考えるうえで、非常に重要な

あなたの職場における50代の社員の給料は、仕事の成果と比べて、適正だと思いますか。[単]

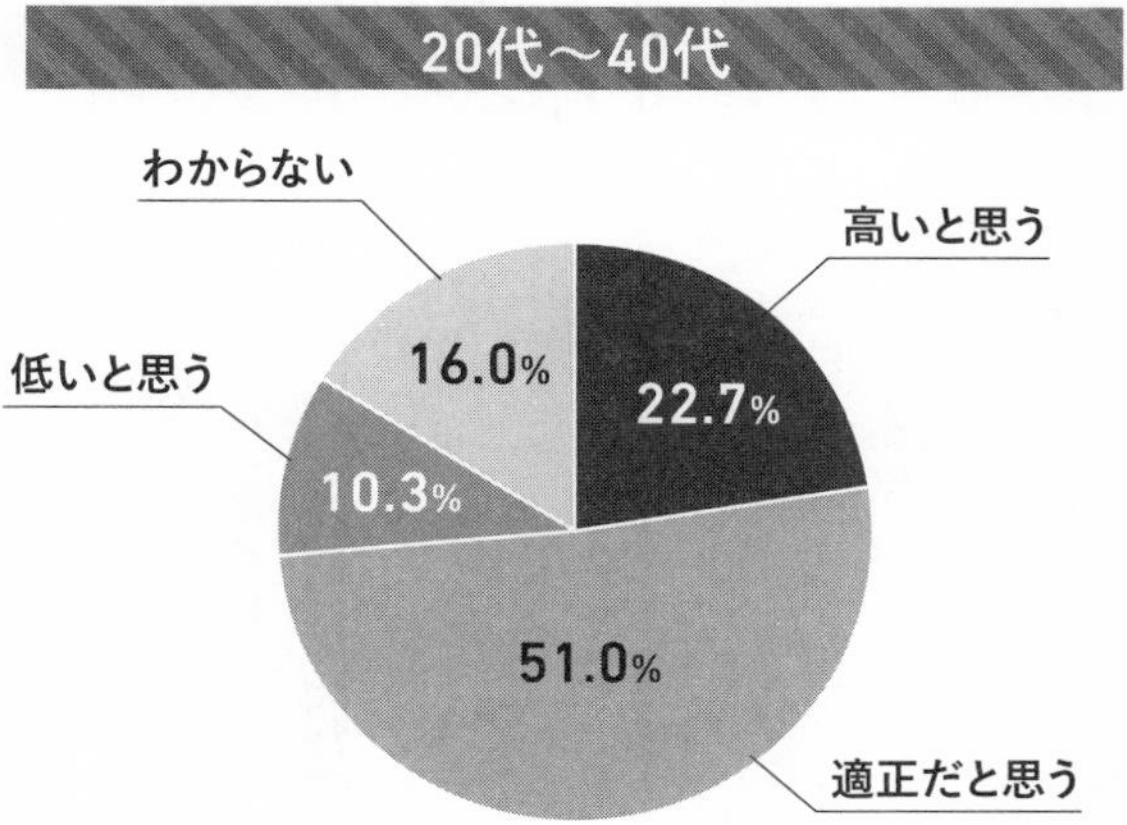

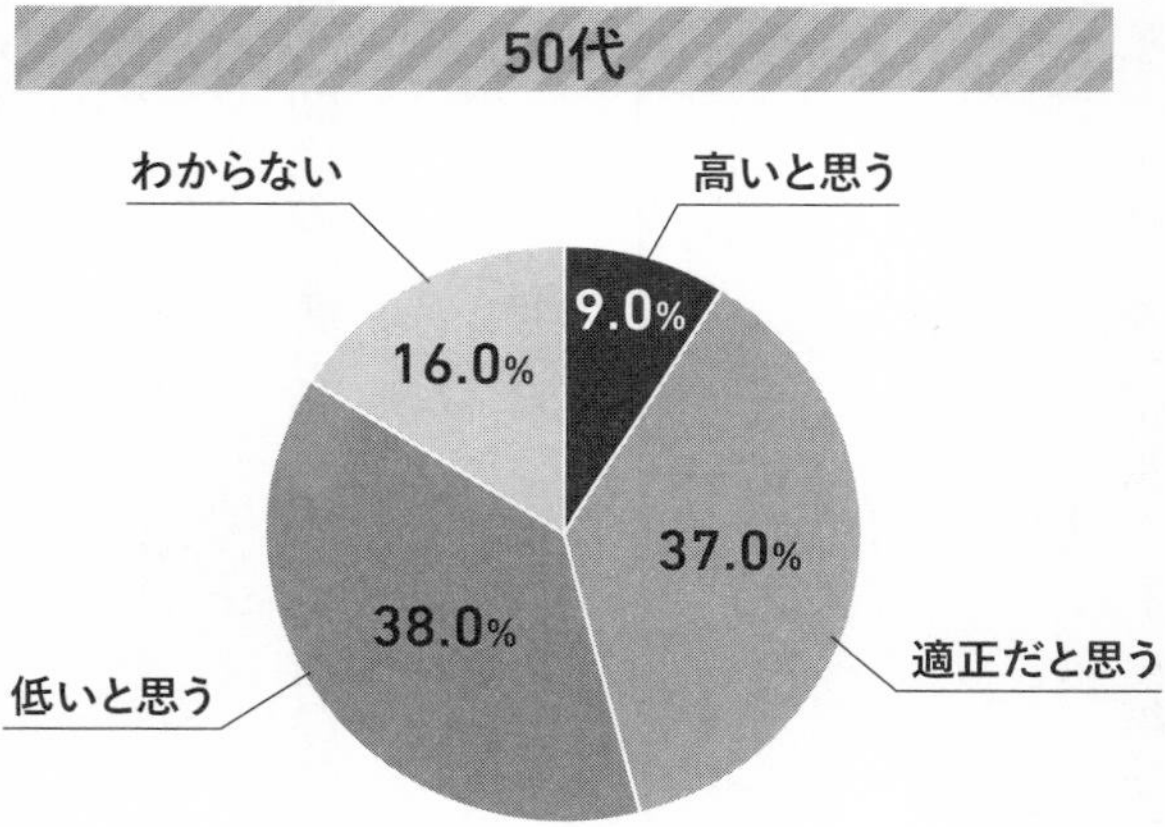

ポイントです。なぜなら、周囲から「給与が高い」と思われている人ほど、「黒字リストラ」の対象になる危険性が高いからです。

コロナ禍前の２０１８年頃から大手企業が「黒字リストラ」と言われる施策を導入し始めました。２０１９年には、キリンビール、コカ・コーラ、富士通、朝日新聞、エーザイ、協和キリンなどが、**黒字経営にもかかわらず「早期退職の募集」**を実施しました。

２０２０年はコロナ禍も相まってリストラは2倍に増え、２０２１年はさらに前年の１・７倍に増加。日本たばこ産業、ＫＮＴ－ＣＴホールディングス、ＬＩＸＩＬ、オリンパス、アステラス製薬、藤田観光などでも実施され、大手に限らず「早期退職」または「希望退職」と呼ばれる制度によって、1万人以上が退職しています。

黒字リストラとは、僕たちの世代を狙い撃ちにしたリストラです。コロナ禍によって経営が悪化した企業は別として、ほとんどの企業で「45歳以上の中高年」をターゲットにしていることが共通しています。

なぜ「45歳以上の中高年」が対象なのかというと、ずばり年収が高いからです。

日本企業は、ほとんどが年功序列を導入しています。年齢・勤続年数とともに給与が上がり、55歳から60歳ぐらいが最も高くなります。この世代は人数も多く、さらに定年も延長されようとしています。今後も10年、20年と多数の中高年に高い給与を払い続けていったら、企業は立ちゆかなくなります。だから「45歳以上」に絞って、黒字で余裕があるうちに中高年を減らそうとしているのです。中高年が減れば、その分、若手の給与を上げられますよね。

もちろん45歳以上だからといって、誰でもリストラされるわけではありません。黒字リストラの対象となっているのは、「パフォーマンスより年収が高い人」です。

自分では、仕事の成果と比べて「給与が低い」と思っていても、給与に見合った価値を出していなければ、「パフォーマンスより年収が高い人」と判断されます。

年功序列の企業は、成果や行動ではなく、年齢や勤続年数によって給与が上がるため、年収とパフォーマンスにギャップが生まれやすくなっています。

要は、冒頭のアンケートの回答にもあったように「使えないのに給料だけ高い」中高年が生まれやすい構造になっているのです。

パフォーマンスに対して本当に適正な年収をもらっている人は、リストラの心配をする必要はないでしょう。しかし、そうでない場合はリストラの最有力候補となります。

会社の若年層に比べて高い給与をもらっているにもかかわらず、「給与が低い」と不満を持っている人は、改めて冷静に考えてみてください。あなたは本当に「あなたの年収の半分しかもらっていない20代社員の2倍以上の価値を出している」のでしょうか？

会社は社員の働きをシビアに見ています。会社とのギブ&テイクの関係性をはき違えている人や自身の成長を止めてしまっている人は、現在の給料に見合う価値を発揮できていない可能性が高く、真っ先に早期退職や黒字リストラの対象になります。

「定年まで逃げ切ろう」とか「今さら頑張っても」と思っている人は、特に注意してください。おそらく逃げ切れませんし、今から頑張らないと定年まで会社に残れません。

「給料が高い」と思われていることは、相当気にしないとまずいのです。

それは次のアンケート結果からも窺《うかが》い知ることができます。

早期退職制度は、年功的な日本のシステムによりもたらされている

20〜40代の人たちに**「あなたの職場における50代の社員について、会社にとって必要**

あなたの職場における50代の社員について、
会社にとって必要な人材はどれくらいいると思いますか。[単]

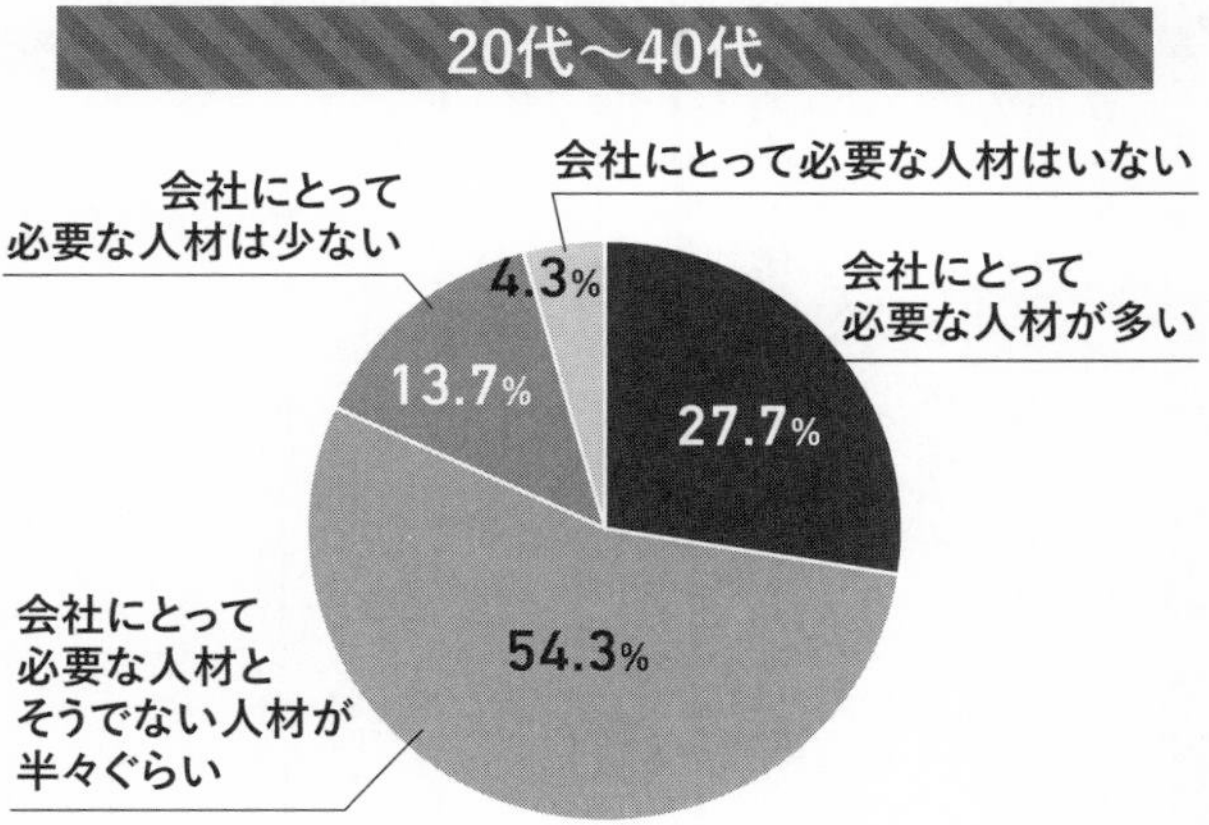

な人材はどれくらいいると思いますか。」と質問してみました。

結果は、上図の通りです。最も多かったのは、「会社にとって必要な人材とそうでない人材が半々ぐらい」（54・3％）。「会社にとって必要な人材は少ない」（13・7％）と「会社にとって必要な人材はいない」（4・3％）を合わせると、20～40代の約7割は「必要ない50代がいる」と考えていることになります。

必要ない50代、それがすなわち黒字リストラの対象になっている「パフォーマンスより年収が高い人」ということになります。

ここで少し企業の給与の仕組みについて解説しておきましょう。

早期退職・希望退職と呼ばれる制度は、年功的な日本の給与システムによってもたらされています。年功序列とは、若いうちは給料を低く抑え、子供が高校に入学だ、大学入学だ、マンションのローンが必要だ、となった中高年になってから高く払う「後払い型」の給与制度です。給与が最も高くなるピークは、だいたい55歳に設定されています。

年功的な給与制度は、戦後から高度成長期にかけて広く普及し、昭和、平成を経て、令和の現在でも多くの企業が続けています。若い時期は給料が安くても、年を取ったらたくさんもらえる「後払い型」は、日本人がみな若く、経済が右肩上がりに成長している昭和だからこそ成り立つ仕組みでした。

日本が敗戦から復興し「東洋の奇跡」と呼ばれるほどの経済成長を遂げた1950年代から1970年代にかけては、日本人の平均年齢は20歳代でした。若い世代のほうが中高年や高齢者よりも圧倒的に多かったのです。だからこそ後払いが可能でした。

ところが少子高齢化が進み、超高齢社会となった現在の日本人の平均年齢は、ほぼ50

歳。経済に関しても、１９９１年のバブル崩壊から30年以上、停滞を続けています。すでに年功序列は無理なのです。

早期退職や希望退職という名目でリストラされてしまった人は、年功序列という時代に合わない制度を放置してきた企業の犠牲者とも言えるでしょう。

例えば、パフォーマンスが高い人には年収１０００万、低い人に関しては段階的に下げて年収７００万にする、といった措置を取れば、リストラしなくても済みます。たとえ年収は下がっても、クビになるよりはいいと考える人も少なくないはずです。

ところが、多くの会社には給与を下げる仕組みがありません。**人事制度の見直しには時間も手間もかかるため、手っ取り早い「リストラ」という手段を取って、会社の若返りを図っている**というのが、早期退職・希望退職の実情なのです。

パフォーマンスとは無関係に年齢や勤続年数によって自動的に給料が上がっていくのであれば、必然的に努力や成長をしなくなる中高年が出てきます。

仕事をしない・できない「必要ない50代」が最も高い給料をもらっていたら、優秀な若手ほどやる気を失って会社を去っていきます。大手や人気企業は新卒採用で若手が採れるので若返りを図ることも可能ですが、普通の会社には若手の応募はそれほど多くありません。そもそも少子化で若手がいないのです。

グローバル化、外国人の活用、テレワーク、デジタルトランスフォーメーション（DX）、同一労働同一賃金などが進んでいく中で、年功序列は、あらゆる面において弊害が指摘され、悪循環を生み出す源になっています。

こうした現状を踏まえて、ようやく日本でも年功序列を廃止し、パフォーマンスと給与を比例させようとする動きが広まってきました。

それによって、給与制度も「後払い型」から「時価払い型」に変わろうとしています。この動きも50代の皆さんには、ぜひ押さえておいていただきたい重要なポイントです。

過去を見る「後払い型」給与から、今を見る「時価払い型」になる

日本の給与制度は、過去を見る「後払い型」から、今を見る「時価払い型」に変わりつつあります。時価払い型とは、「現在の価値に対して、現在の給与を決める」という

ことです。

これは50代にとって、非常に重要な変化です。

20～40代の人たちに**「あなたの職場にいる身近な50代社員について、仕事をする上で、どのような点を課題と感じていますか。」**と質問してみました。また、50代に対しては**「あなたは仕事をする上で、どのような点を課題と感じていますか。」**と聞いてみました。

結果は35ページの図の通りです。

「デジタルツールに対応できない」と回答した20～40代の回答が29・3％だったのに対して、50代は約半分の９・０％。また「セクハラ・パワハラなど、周囲への配慮に欠けた振る舞いをする」も、20～40代の19・０％に対して、50代はわずか５・０％。どちらの割合も非常に低く、課題を自覚できていない50代が多く見られました。

さらに問題なのは、50代の回答は「特に課題と感じる点はない」（44・０％）が突出して多かったことです。20～40代からは、次のような声が挙がっていました。

「デジタルツールの導入を忌避する傾向があり、今後のＩＴ化の弊害になる」（20代・女性）

「パソコンに強くなってほしい」（30代・女性）
「デジタル化に対応できず、悪気なくハラスメントしてくる方が多い」（30代・女性）
「新たな知識・技術を取り入れようとしない。特にデジタルツール」（30代・女性）
「自分をいつまでも若いと勘違いしていて、自分がやっていることがセクハラだと気づいていない。狭い会社で好意を持たれて迷惑している」（30代・女性）
「新しいことを覚えることを嫌に感じてそうだが、やってほしい」（30代・女性）
20〜40代は、このように感じているのです。デジタルツールやハラスメントに限らず、50代で「課題と感じる点はない」と思っている状態は、非常に危険です。これには同世代の僕自身も憤《いきどお》りを感じます。「課題がない人なんていない」のではないでしょうか。

年功序列の給与制度は、過去の功績によって現在の給与が決まります。そこには、「長く働くことにより、経験を積み、技術・技能が高まり、高い成果を出せる」という考え方がありました。しかし、長く働くことによって身につけた高い能力があったとしても、現在それを発揮していなければ、企業にとって価値はありません。

経験によって培った技術・技能を活かして、今出している成果を評価する。今後、日

あなたの職場にいる身近な50代の社員について、仕事をする上で、どのような点を課題と感じていますか。[複]

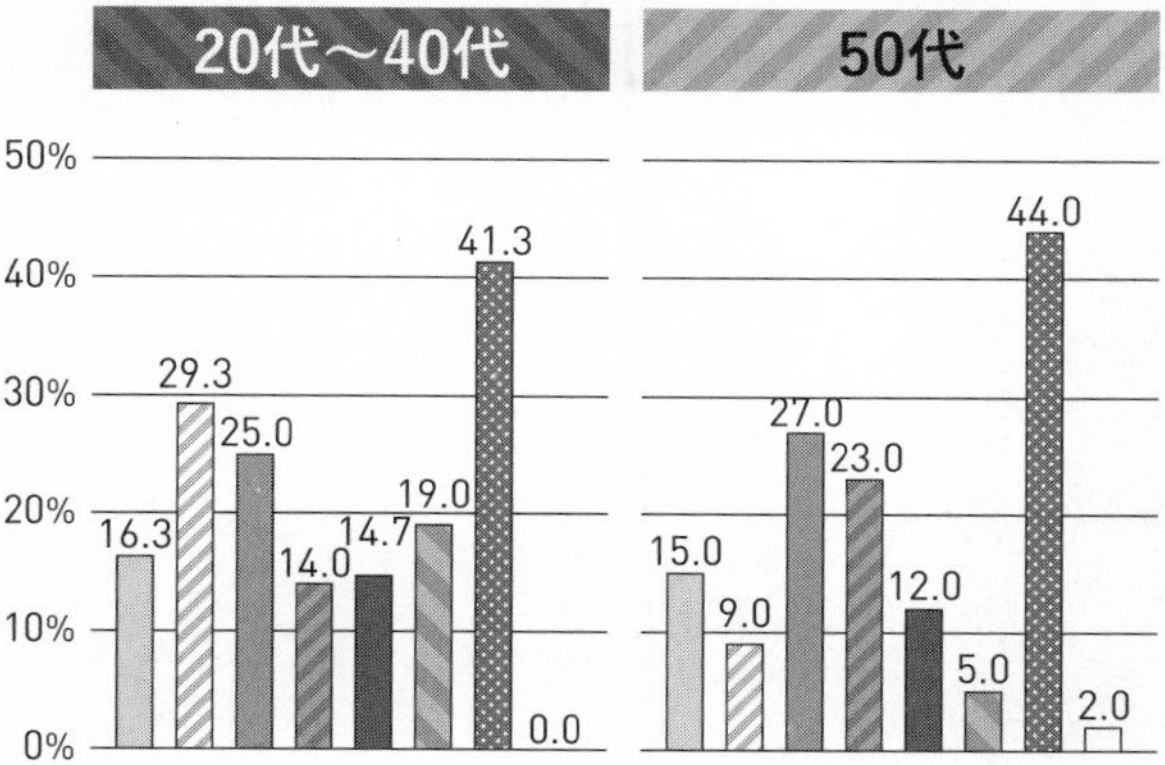

あなたは仕事をする上で、どのような点を課題と感じていますか。

- 若い世代と円滑にコミュニケーションがとれない
- デジタルツールに対応できない
- 新しいスキルや知識の習得に取り組めない
- 組織の方針に対して、積極的に取り組めない
- 目標達成に対する意欲が低く、期待される成果を出せない
- セクハラ・パワハラなど、周囲への配慮に欠けた振る舞いをする
- 特に課題と感じる点はない
- その他

・人員不足
・若手が自分の時代のような自己研鑽を行っていない事

本の給与制度はこのような考え方に変わっていきます。要は「過去」ではなく、「今」を重視して社員を評価するようになるのです。

デジタルツールに対応できない。ハラスメントに対する意識が低い。課題に感じていることもない。こうした意識では、「今」の価値観ではアウトです。スリーアウトチェンジです。

給与が「後払い型」から「時価払い型」になる。これは若い世代にとっては歓迎すべき変化だと思いますが、50代にとっては納得しかねるものがあるでしょう。

我々50代は「後払い型」の給与制度を信じて20代、30代を安い給料でガマンして働いてきた世代です。30年近く働いて、ようやく50代に達したら、それが裏切られてしまう。

僕は1988年に大学を卒業し、自動車メーカーに入社して人事部門に配属されました。当時は定年間近の働かない年配社員がたくさんいました。部長でも課長でもない「主任部員」という、不思議な肩書きの年配の方が何人もいて、朝から晩まで新聞を読み、お昼ごろから「西尾くん、今夜どっか行く?」と誘われていました。

「いいなぁ、楽だなぁ。なんで俺は工場が閉まった時間になっても働いているんだろう」

毎日そんなことを思いながら、自分も50代になったら楽になれる、と思っていました。

当時はまだバブルが弾ける前でしたから、そんな感覚が当たり前になっていましたが、その人たちの多くは90年代に入るとリストラされてしまいます。

「楽で給料がたくさんもらえる50代」は、現在ではもう幻想になっています。僕らは、50代になっても楽になれなかった可哀想な世代なのです。

とはいえ、嘆いていても始まりません！　今の日本では年功序列を維持していくのは不可能です。「後払い型」から「時価払い型」の給与に変化していく流れは、止めることはできないでしょう。

我々の世代を早期退職・希望退職という名のリストラに追い込んでいる諸悪の根源もまた、年功序列なのです。過去の「幻想」ではなく、現在の「現実」を受け入れていかなくてはいけません。それも、残念ながらかなりシビアな現実です。

黒字リストラは、人事評価が低い人だけを対象にしているわけではありません。標準評価がAだとしたら、B評価、C評価の人だけでなく、A評価の人もリストラされています。

これには、多くの企業で人事評価が正しく機能していないことに原因があります。成果や行動をきちんと精査し、「あなたは給料分の仕事をしていませんね。この点を伸ばし、この点を改善してください」といった具体的なフィードバックがあれば、パフォーマンスより年収が高い人も働き方を変えることができます。

ところが、ほとんどの会社では「あなたは今のままではダメですよ」とは言ってくれません。年功序列や終身雇用という旧来の慣習が残っているため「和を以て貴しと為す」が良しとされ、人間関係が悪くならないように無難なことしか言ってくれません。人事評価もなんとなく標準評価の「A」になることが一般的です。

にもかかわらず、いきなり「早期退職しませんか?」とバッサリ斬られてしまうのです。標準より低いB評価やC評価であれば、本人も「もっと頑張らないとリストラされてしまうかも」とある程度の覚悟はできますが、ずっとA評価をもらっていれば、「自分は評価されているんだ」「優秀なんだ」「会社に貢献しているんだ」と考えますよね。

しかし会社は、本当はそうは思っていないわけです。

ある日突然リストラが始まり、クビを斬られてしまった人は、「今までA評価だったじゃないですか、なんで自分なんですか?」と非常にショックを受けて、メンタルケアから始めないと転職活動できないケースが多くあります。

評価が高い人も、決して真に受けてはいけません。

会社の人事評価が適切に機能しているかどうかを見極めるポイントは、フィードバックの有無です。評価面談の際に、伸ばすべき点や改善すべき点をきちんと指摘してもらえているなら、いい会社です。いきなりリストラされることはないでしょう。

一方、給与明細を見ないと自分の評価がわからない会社も少なくありません。「まあ、ええんちゃうの?」といった適当なコメントしか言ってもらえなかったり、そもそもフィードバックがないようなら要注意です。

その場合は、周囲の人に意見を聞いてみてください。50代になるとフィードバックがもらいにくくなりますが、同年代の仲間や上の世代、あるいは上司が年下でも「言いにくいとは思うんだけど、僕の課題を指摘してくれないか?」と聞いてみましょう。

なぜなら、自分の課題を知ることが、リストラから逃れる極めて有効な手段だからです。

今、どのようなパフォーマンスを上げるかが重要

給与が「後払い型」から「時価払い型」になると、「今どのようなパフォーマンスを上げるかが重要」で、過去の功績は見てもらえなくなります。そして年齢に関係なく、パフォーマンスによって給料が上がったり、下がったりするようになります。

「これまで30年も頑張ってきたじゃないか！」と言っても「知らんがな」となってしまうのです。では、50代は今どのような成果を出すことが求められているのでしょうか？

20～40代の人たちに**「あなたの職場にいる身近な50代の社員は、どのような点で会社に貢献していると思いますか。」**と聞いてみました（左ページの図参照）。

回答のトップ3は、「豊富な経験に基づく、的確な判断能力と危機管理能力」（41・7％）、「長年の経験によって身に着けた、専門性の高い知識や高度なスキル」（41・0％）、「組織をまとめあげる強いリーダーシップ」（33・3％）でした。

一方で「新たな知識やスキルを素早く獲得する学習能力」が7・7％と極端に低い結

あなたの職場にいる身近な50代の社員は、どのような点で会社に貢献していると思いますか。[複]

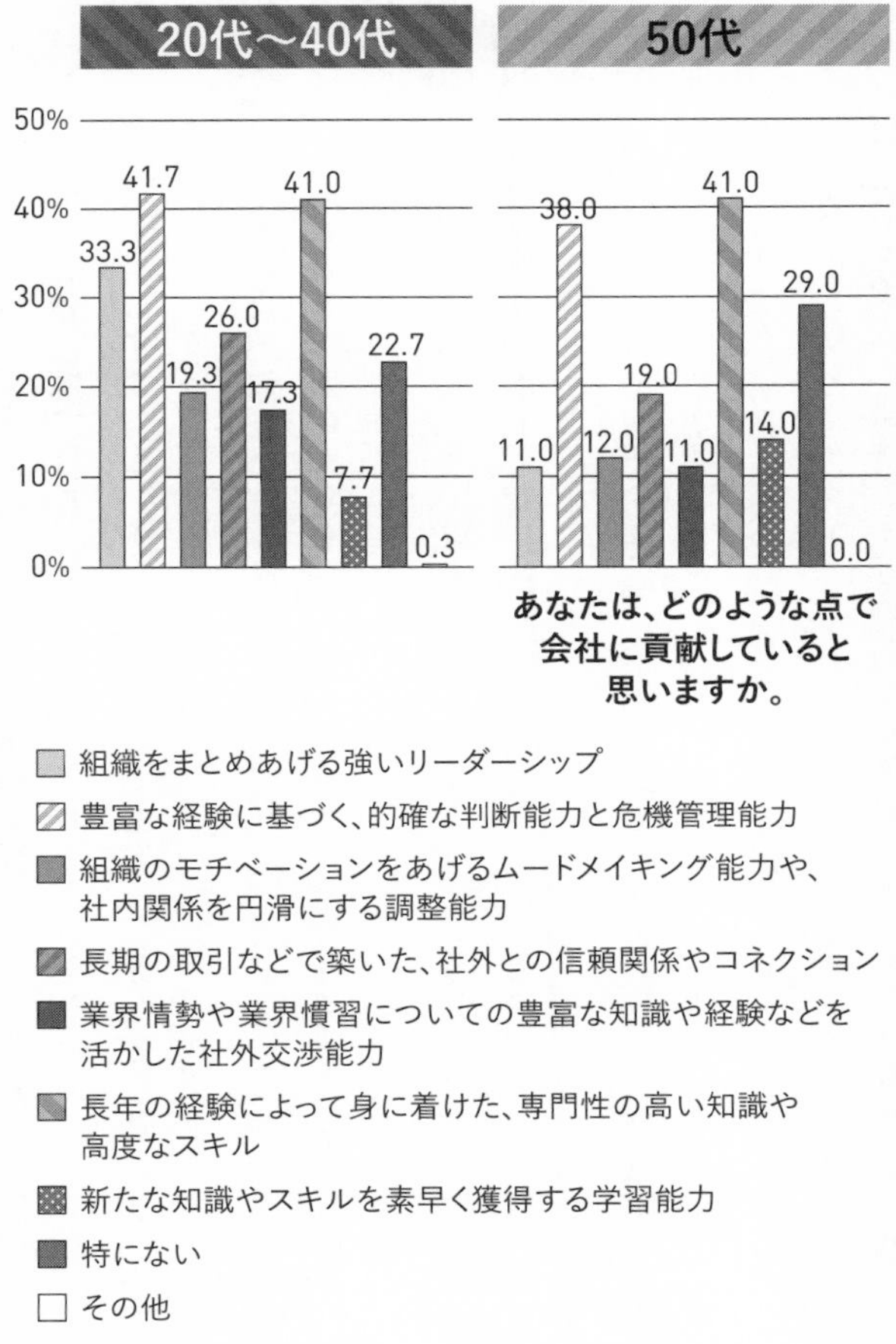

果となっています。前項の回答にもあったように、**50代のデジタルツールへの対応力の低さは、若い世代から特に問題視されている**と自覚しておいたほうがいいでしょう。

同様に50代の人たちにも**「あなたは、どのような点で会社に貢献していると思いますか。」**と質問してみました。この結果もかなり「まずい」ことになっています。

「特にない」が29・0％と非常に高く、回答のトップ3に入っているのです。会社に貢献していることが「特にない」では、給与が下がるか、早期退職・希望退職という名のリストラが待っています。

また、20〜40代から評価されていた「組織をまとめあげるリーダーシップ」もわずか11・0％で、50代社員の自己評価の低さ、自信のなさが窺える結果となっています。

そこで20〜40代の人たちに**「あなたの職場にいる身近な50代の社員に、期待する能力はどのような点ですか。」**と聞いてみました（左ページの図参照）。

こちらもほぼ同様の結果で、「豊富な経験に基づく、的確な判断能力と危機管理能力」（48・0％）、「長年の経験によって身に着けた、専門性の高い知識や高度なスキル」（45・0％）の2つが高く、「組織をまとめあげる強いリーダーシップ」（32・3％）

あなたの職場にいる身近な50代の社員に、期待する能力はどのような点ですか。[複]

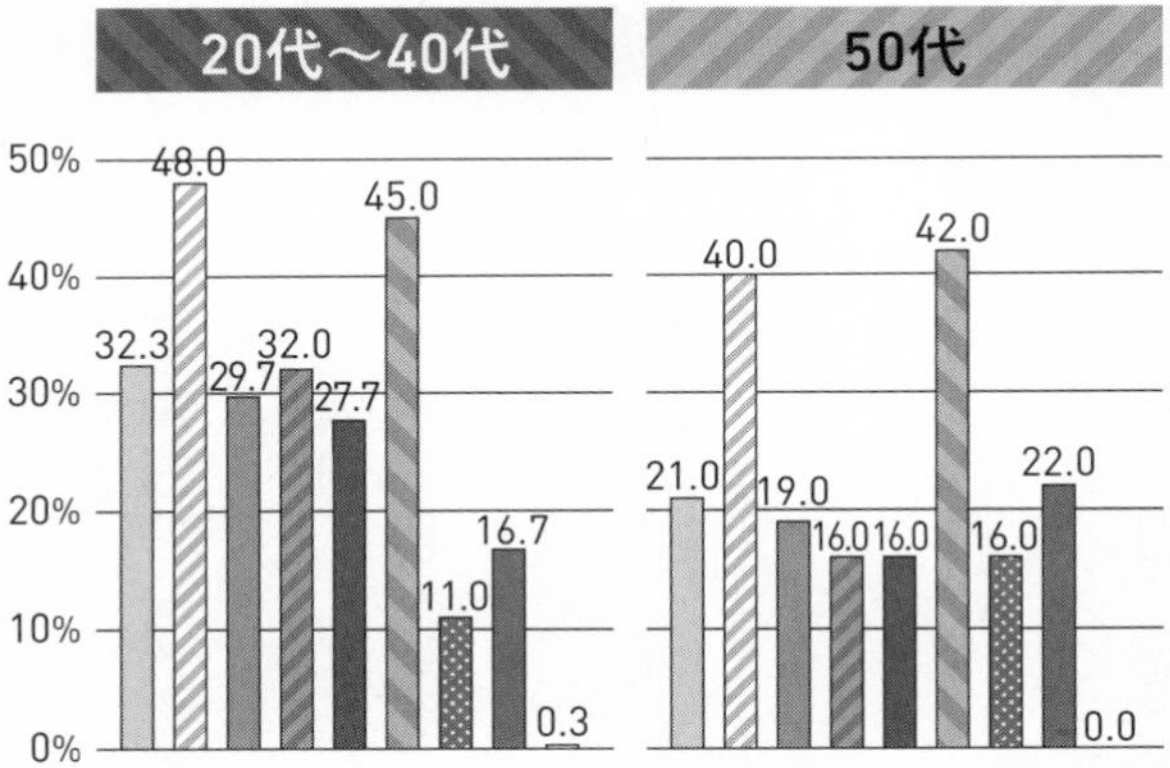

あなたが20〜40代の社員から期待されている能力は、どのような点だと思いますか。

- 組織をまとめあげる強いリーダーシップ
- 豊富な経験に基づく、的確な判断能力と危機管理能力
- 組織のモチベーションをあげるムードメイキング能力や、社内関係を円滑にする調整能力
- 長期の取引などで築いた、社外との信頼関係やコネクション
- 業界情勢や業界慣習についての豊富な知識や経験などを活かした社外交渉能力
- 長年の経験によって身に着けた、専門性の高い知識や高度なスキル
- 新たな知識やスキルを素早く獲得する学習能力
- 特にない
- その他

と「長期の取引などで築いた、社外との信頼関係やコネクション」（32・0％）が続いていました。

50代の人たちにも**「あなたが20～40代の社員から期待されている能力は、どのような点だと思いますか。」**と聞いてみましたが、こちらもほぼ同様の結果でした。

ただ「長年の経験によって身に着けた、専門性の高い知識や高度なスキル」（42・0％）と「豊富な経験に基づく、的確な判断能力と危機管理能力」（40・0％）以外は総じて票が少なく、「特にない」（22・0％）が3番目に多くなっていました。

「期待されている能力は特にない」と自虐的になっている50代が少なくないようですが、枯れている場合ではありません。フリーアンサーには、次のような意見も多くありました。

「知識や経験が豊富で頼りにしている」（20代・女性）
「ムードメーカー、気まずい雰囲気も和ませてくれる」（30代・男性）
「様々な経験の上で先読みされているのですごい」（30代・男性）
「かっこいいし、見習いたい」（30代・女性）

「経験を生かした判断や行動を実行している」（40代・男性）
「組織のモチベーションをあげるムードメイキング能力や、社内関係を円滑にする調整能力」（29・7％）、「業界情勢や業界慣習についての豊富な知識や経験などを活かした社外交渉能力」（27・7％）に期待している20～40代も決して少なくありません。
約30年間にわたって培ってきた知識や経験は伊達《だて》ではありません。会社に貢献できることも、期待されていることもあるのです。自信を持って、自分の強みを再認識しましょう。

ＩＴなど、「もう無理」と諦めていないか？　これからは必須になる

50代にとって今後、絶対に必要になるもの、それはやはりＩＴの知識や技術です。前述のアンケートでも指摘されていたように、デジタルツールへの対応は必須です。
20～40代の人たちに**「あなたの職場にいる身近な50代の社員に、今後、新たなスキルや知識を身に着けたり、未経験の仕事に取り組んでほしいと思いますか。」**と質問しました（47ページの図参照）。

結果は、「できれば取り組んでほしい」が59・0％。「ぜひ取り組んでほしい」が28・7％。約9割の人が新たなスキルの習得を望んでいます。

50代の人たちにも**「あなたは、今後、新たなスキルや知識を身に着けたり、未経験の仕事に取り組んでいきたいと思いますか。」**と聞いてみました。

こちらは、「できれば取り組みたい」が47・0％。「ぜひ取り組みたい」が20・0％で、「できれば取り組みたくない」が33・0％でした。

新たなスキルの代表といえば、やはりデジタルツールです。スマホなどの進歩には、著《いちじる》しいものがあります。ＩＴを苦手に感じる人の気持ちもよくわかりますが、今の時代は必須です。僕も得意ではありませんが、これはもう覚えないとしょうがないです。

ある番組で巣鴨のおじいちゃん・おばあちゃんを取材していました。その取材では、ガラケー（フィーチャーフォン）を使っている人がまだ多くいましたが、50代の皆さんはさすがにスマホですよね？

最近はゴルフのスコアを記録するのもスマホを使いますし、車にしてもカーナビを標準装備せず「Apple CarPlay か Android Auto に繋《つな》いでね」といったモデルが増えています。若い世代のように積極的な興味はなくても、デジタルツールを覚えるしかないの

あなたの職場にいる身近な50代の社員に、今後、新たなスキルや知識を身に着けたり、未経験の仕事に取り組んでほしいと思いますか。[単]

20代〜40代

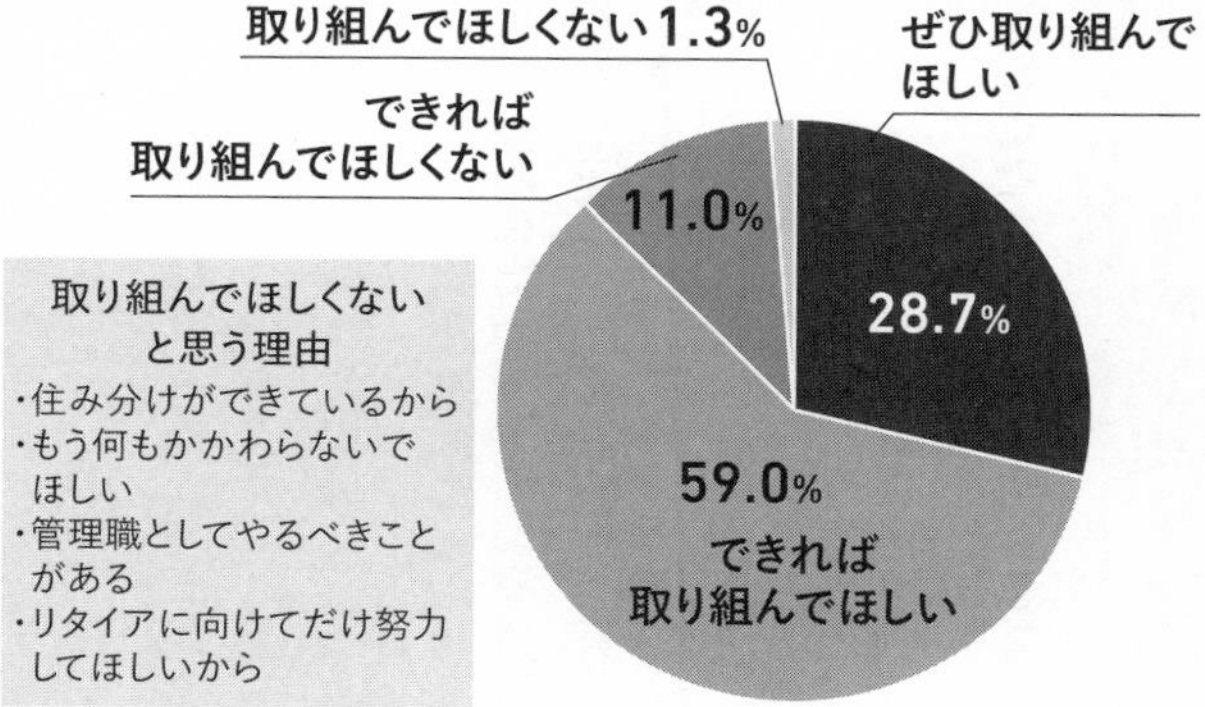

50代

あなたは、今後、新たなスキルや知識を身に着けたり、未経験の仕事に取り組んでいきたいと思いますか。

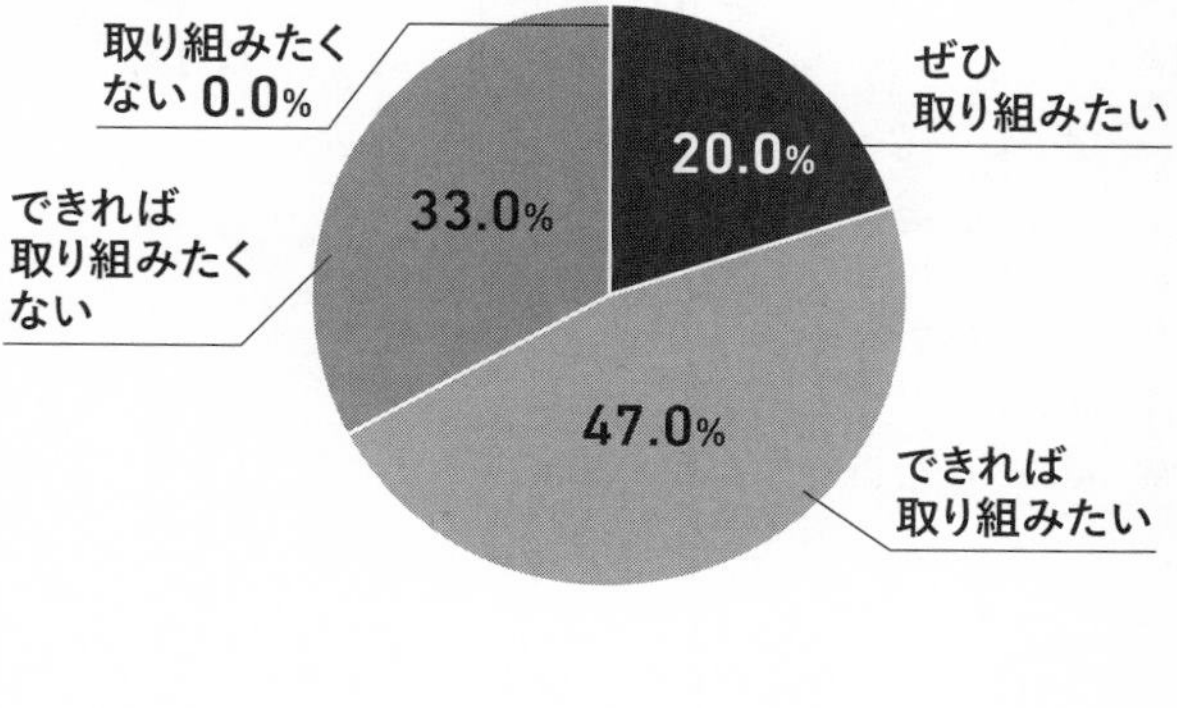

です。

我々の世代は、60代はもちろん、70代になっても何らかの仕事で働くかもしれません。これまでの10年、20年を振り返ると、デジタルツールは飛躍的に進歩を遂げてきました。と考えると、あと10年、20年はＩＴの進歩についていかないと、最低限の仕事すらできなくなってしまうかもしれません。

20〜40代の人たちに**「あなたの職場にいる身近な50代の社員は、今後新たなスキルや知識を身に着けたり、未経験の仕事に取り組むことができると思いますか。」**と聞いてみると、「若い社員と同様にできる」が44・7％。「若い社員には劣るができる」が38・0％。「若い社員以上にできる」が14・3％。「できない」は、たったの3・0％でした。

また、50代の人たちにも**「あなたは、今後、新たなスキルや知識を身に着けたり、未経験の仕事に取り組むことができると思いますか。」**と聞いてみました。

結果は「若い社員と同様にできる」が38・0％。「若い社員には劣るができる」が49・0％。「若い社員以上にできる」が12・0％。「できない」は、なんと1・0％でし

あなたの職場にいる身近な50代の社員は、今後新たなスキルや知識を身に着けたり、未経験の仕事に取り組むことができると思いますか。[単]

20代～40代

できないと思う理由
・覚えない
・やる気がない
・何をやっても駄目だから
・目的意識がないから
・昔のやり方に固執する
・頭が硬い
・それほど頭が良くない
・新たな知識を取り入れようとしない

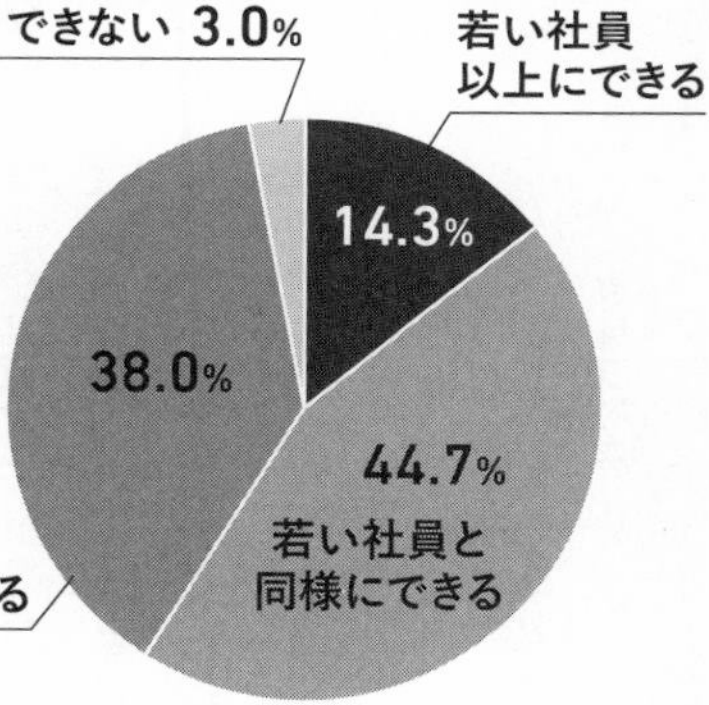

50代

あなたは、今後、新たなスキルや知識を身に着けたり、未経験の仕事に取り組むことができると思いますか。

できないと思う理由
・記憶力の衰え

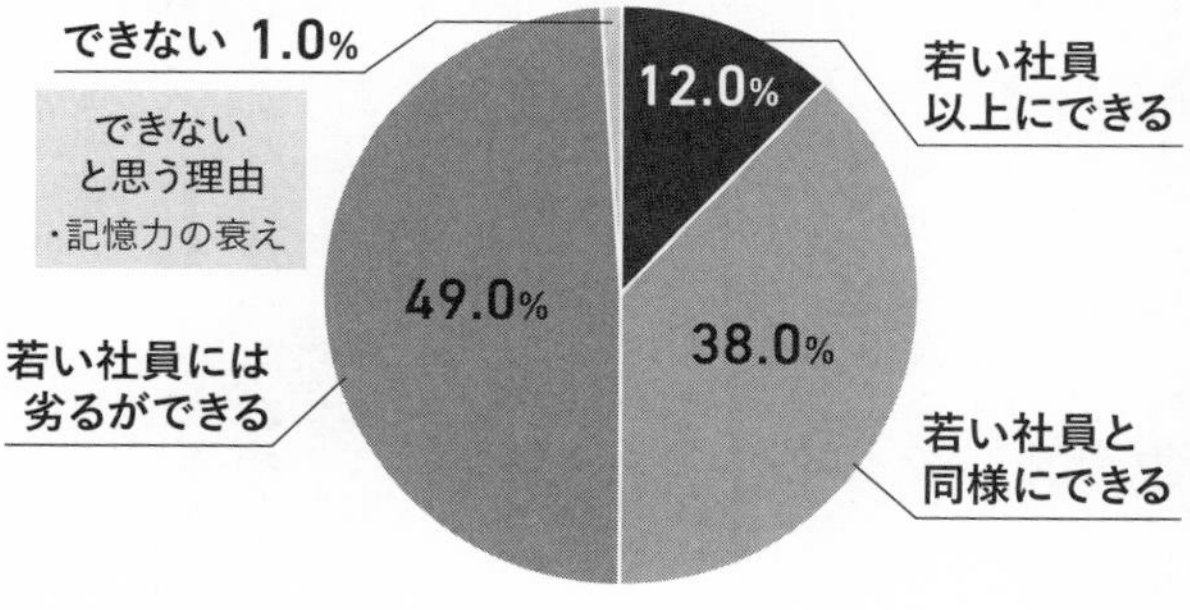

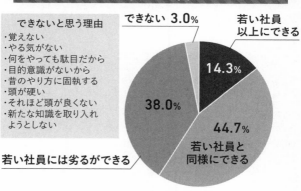

た。

50代の99％が「できる」と言っています。

そう。あなたにもできます。

職場にいれば若い人に教えてもらったり、代わりにやってもらうこともできますが、会社を辞めたり、定年後に別の仕事をする場合は、自分でできるようになっておかなくてはいけません。ＩＴはどんどん進化していますから、必死についていくしかないのです。

また、若い人に教わるのはいいのですが、同じことを何度も聞かないのが大事なポイントです。20～40代からは「デジタルツールを教えても覚えようとしない」「同じことを何度も聞く」「メモ取れよ」「自分でも勉強してほしい」といった厳しい声が多数ありました。

パソコンが世の中に普及し始めたのは、僕らが20代の頃でした。当時はキーボードを人差し指だけで押している先輩方もいましたが、今の50代ならキーボードは両手で打てますよね？　文字が打てないと話にならないので、これも必須です。

そして、Word、Excel、PowerPoint、この3つのデジタルツールは最低限、使えるようになっておきましょう。Word はテキストを書くことができれば問題ないと思いますが、Excelは表計算や代表的な関数、ピボットテーブルぐらいは使えるようになっておきたいです。PowerPointも何かを説明するためには必須です。

今の仕事では使う機会がなくても、この先、転職や独立をするとしたら、この3つは必ず使います。使い方は検索すればいくらでも出てきます。僕も専門書などは買ったことがありませんが、必要に迫られて自分で調べて使いながら習得しました。

これらのツールが使えないと、致命的なリスクになるかもしれません。若い人に任せるだけでなく、自分でも日常的に使って腕が鈍らないようにしておきましょう。

もうひとつ重要なのは、コミュニケーションツールやSNSの進歩についていくことです。メールだけでなく、Messenger、LINE、Chatwork、Slackなども使えるようになっておかないと職場の会話の輪に入れなくなったりします。

Zoomや Microsoft Teams、Google Meetなどのビデオ会議ツールも広く普及しました。テレワークの有無に限らず、今後とも必須になるでしょう。

個人的には、MessengerとLINEがあれば十分だと思っていて、ChatworkやSlackをいちいちチェックするのは面倒くさいです。ひとつにまとめてほしいと強く願っていますが、やはり若い人とのコミュニケーションには必要だったりします。

Instagram や TikTok などの動画共有系のSNSは覚えなくても大丈夫だと思いますが、ビジネスの世界で使われているコミュニケーションツールは、ひと通り使えるようになったおいたほうがいいでしょう。

どれもそんなに難しいものではありません。会社のメールアドレスしか持っていないと、会社を辞めたら使えなくなってしまいます。定年後に働く場合などにも備えて、人と繋がることができるコミュニケーションの選択肢は増やしておくべきです。

禁句は「今さら」。まだまだ成長しなくてはいけない

新たなスキルや知識を身につけなくてはいけなかったり、未経験の仕事に取り組む際に、「今さら無理」とか「今さらそんなことを覚えても」と思ったりしていませんか?

「今さら」は、50代の禁句です。

50代の人たちに**「あなたは、仕事に役立つ情報収集のために、新聞・書籍購読やセミナー参加などの自己学習に、日頃から取り組んでいますか。」**と聞いてみました。

あなたは、仕事に役立つ情報収集のために、新聞・書籍購読やセミナー参加などの自己学習に、日頃から取り組んでいますか。[単]

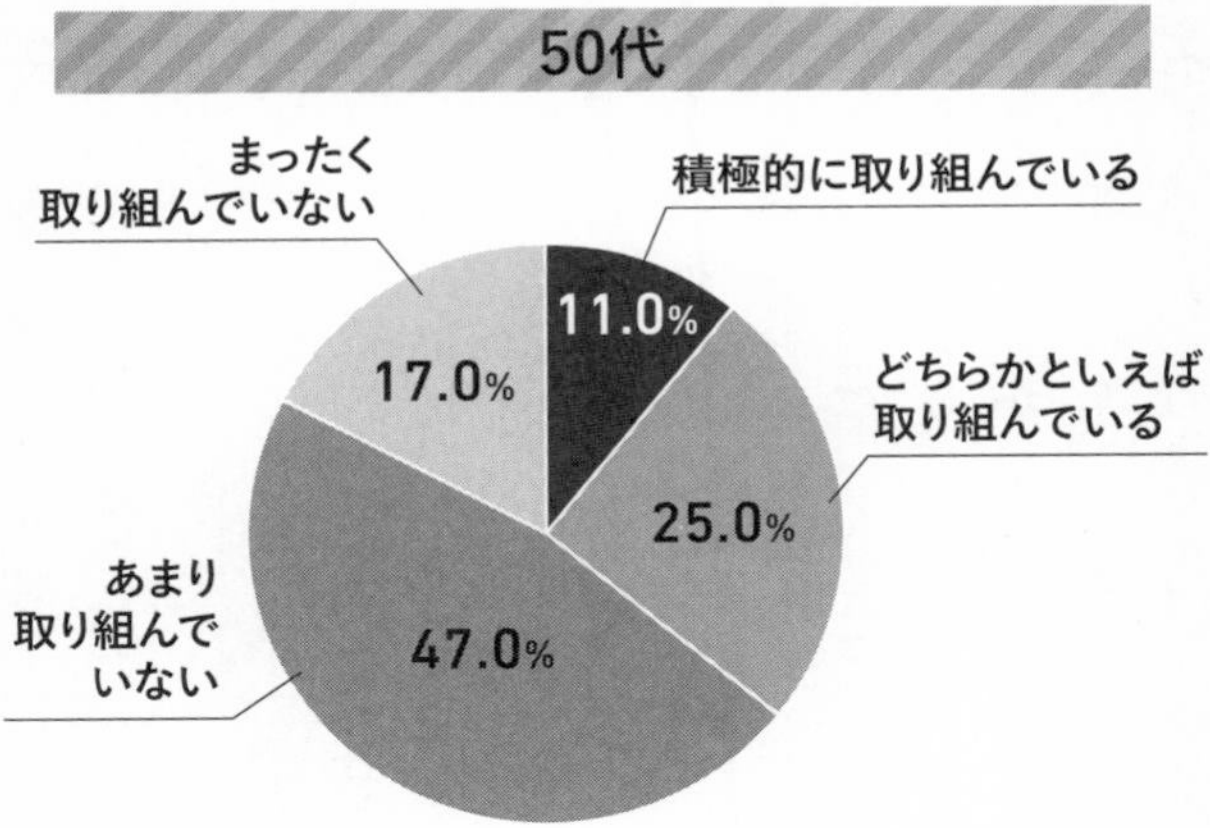

結果は上図の通り、「あまり取り組んでいない」が47・0%、「まったく取り組んでいない」が17・0%。なんと6割以上の人が自己研鑽に取り組んでいないようでした。

これはダメです。

この厳しい時代にパフォーマンスを発揮していくためには、自己学習は不可欠です。新聞や本を読んで、新しい知識を得ましょう。セミナーに参加して、新しいスキルを獲得しましょう。**「今さら」という意識を捨てることが、今後の人生を大きく左右**します。

これまでお伝えしてきたように、

僕らの世代は50代になっても、あと20年、30年と働くことになるかもしれません。今さら覚えなくてもいいことなんて、何ひとつないのです。まだまだ勉強を続け、成長していかなくてはいけないのです。

そもそも「今さら」と言えるほど、何かの偉業を成し遂げたのでしょうか。ありとあらゆることをやり尽くし、ビジネスパーソンとしても人間としても、すでに完成した人だったら「今さら」と言う資格があるのでしょうが、そんな立派な人はそうはいないはずです。

企業の人事担当者と「人事制度を見直してみませんか」「評価制度を導入してみませんか」といった話をしていると、「いやぁ、今さらいいですよ」といった反応をされる方がいらっしゃいます。そういう方々は、ほぼ50代です。

冒頭でも触れましたが、僕は『サザエさん』が日本人の就業観において大きな弊害になっているのではないか、とひそかに考えています。

僕たちは、物心ついたときから当たり前のように毎週『サザエさん』を観て育ちました。それによって「50代といえば波平さん」=「おじいちゃん」=「人生の終盤」のようなイメージを刷り込まれてしまったのではないでしょうか？

僕らが社会人になった昭和の終わりから平成の初めにかけては、たしかに50代の人は「波平さん」のような印象もありましたが、それはもう30年くらい昔の話です。

波平さんは54歳ですから、現代であれば、スマホを使いこなし、Excel も PowerPoint も Zoom も普通に使って、フネさんとも LINE を使って連絡し合ったりしているはずです。

でも、そんな姿は想像もできませんよね。

50代といえば人生の終盤。趣味の盆栽や俳句を楽しみながら、あとは定年を待つのみ。『サザエさん』はそんな誤解を招くイメージを50年以上にわたり広め続け、それが多くの人々に少なくない影響を与えているように思えるのです。

今を生きる「令和」の50代の僕たちは、そんな「昭和」のイメージを引きずらないことが非常に大切です。あと20年、30年は働くのですから、昭和でいえば30代後半くらいの意識で50代を生きていくべきでしょう。30代後半であれば、人生まだまだこれからです。当然「今さら」なんて言っている場合ではないですよね。

体力は落ちているのか？　鍛えれば元に戻る

若い世代も期待してくれています。20～40代の人たちに**「あなたの職場における50代の社員は、会社の戦力になっていると思いますか。」**と聞いてみました（左ページの図参照）。

結果は「十分戦力になっている」が30・3％、「まあ戦力になっている」が49・7％で、「まあ」も含めれば約8割の人が戦力になっていると考えてくれています。フリーアンサーには、次のような声が多くありました。

「特に『高齢』という感じはしない。バリバリ現役な感じ」（20代・女性）
「若い社員よりやる気を感じる」（40代・男性）
「昔の50代と比較したら、体力もあるし、若いと思う」（40代・男性）
「パワフルで元気」（40代・女性）

今後も元気に働いていくためには、健康についても注意しておかなくてはいけませ

あなたの職場における50代の社員は、会社の戦力になっていると思いますか。[単]

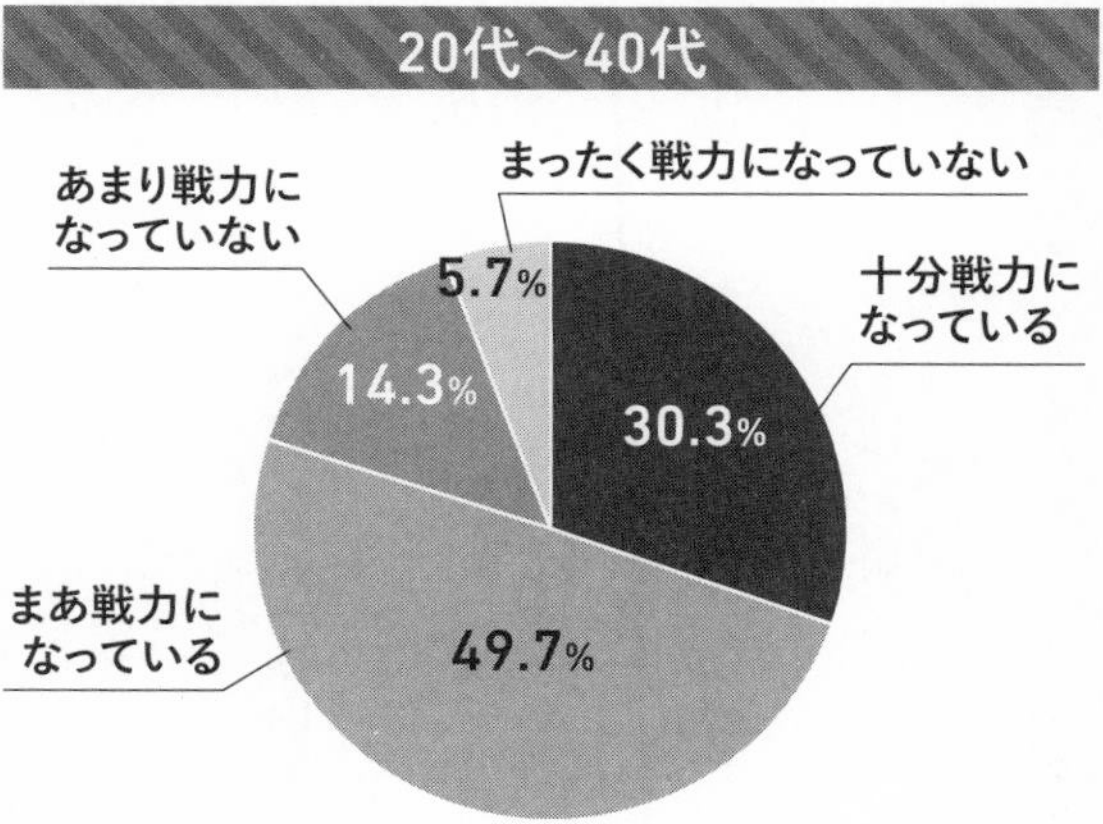

ん。皆さんは、50代になって体力が落ちましたか？

僕は今がいちばん元気です。20代から30代の頃は、年に2回ぐらい風邪をひいて、2～3日休んでいましたが、今は病気で会社を休むことはほぼないです。

ただ、血圧はどんどん上がっています。若い頃よりお肉もつきやすくなりましたから、週に1回、加圧トレーニングをやっています。スポーツクラブの会員になるだけだと行かなくなるので、予約制のトレーナーをつけています。ちょっとお金はかかりますが、何もしなければ体力は落ちてしまうので、必要な投資と考えています。

僕の周りにはゴルフをやっている人も多く、歩けるところは歩いて、体力が落ちないようにしているようです。マウンテンバイクで東京から信州の諏訪湖まで行ったりしている同級生もいます。

50代になると体力は人によって差が出てきますが、鍛えれば元に戻ります。ゴルフ仲間の70代の方々も皆さん元気です。適度な運動を習慣化し、きちんとケアしていけば、20年後でも体力はそんなに落ちないはずです。

若い頃と変化したのは、朝早く目が覚めてしまうことでしょうか。僕は本を読むか、YouTubeや録り溜めた映画などを観たりしていますが、本や新聞を読んで自己学習にあてたり、散歩をして体力づくりをするなど、有効に活用すれば、むしろ歓迎すべき変化でしょう。

注意しなければいけないのは、病気と食事です。年に1回、人間ドックは行きましょう。僕は大腸ポリープが見つかって、最近取りました。50代になると、やはり何かしら不具合が出てきてしまいます。健康や肉体のメンテナンスは重要だと思います。

食事やお酒は、僕がとやかく言えることではありませんが、美味しいものを食べて、適度に運動をすればいいのではないでしょうか。ただ、食事制限がある方は注意が必要でしょうし、塩分を控えるなど、それなりに気にしたほうがいいでしょう。

ある程度は健康でいないと、これから先も長く仕事をしたくてもできなくなってしまいます。脳の活動も身体と繋がっていますから、体の調子が悪いと考え方もネガティブになります。

僕はタバコを吸うので、健康についてあまり偉そうなことは言えないのかもしれませんが、自分で調べて客観的に体に悪いと判断したのならともかく、「社会的にそう言われているから」と盲信してやめるのは、この年代の人間のすべきことではないと思います。もちろんタバコを嫌がる人は多いので、そういう人の前では吸わない、電子タバコにするといった気遣いは必要です。

自分の行動に関しては、自分で考え、自分で決める。50代になったら、タバコに限らず、そういう姿勢を持っておくことが必要なのではないでしょうか。

いずれにしても、50代になると、内臓、血圧、メタボ、髪、歯……など、どこかにガタは出てきます。きちんとメンテナンスをすることは忘れないようにしましょう。

知力は落ちているのか？　使い方が変わっただけだ

肉体は多少衰えたとしても、僕ら50代には若い世代より優れている面もあります。

20～40代の人たちに**「あなたの職場にいる身近な50代の社員について、あなたよりも優れていると感じること・見習いたいことはどのような点ですか。」**と聞いてみました。

結果は「豊富な経験に基づく、的確な判断力と危機管理能力」が43・0％、「長年の経験によって身に着けた、専門性の高い知識や高度なスキル」が41・0％。この2つが突出して多かったです。フリーアンサーにも、次のような声が多くありました。

「業務知識が豊富で、困ったときに頼りになる」（20代・男性）
「頼りになり、何を聞いてもすぐに答えを出してくれる」（20代・女性）
「長年培ってきた知識と経験には及ばないなと思っている」（30代・女性）
「経験に基づいた判断に優れている」（40代・男性）

我々50代の「的確な判断力と危機管理能力」や「専門性の高い知識や高度なスキル」は、若い世代にはない強みです。これらの武器を活かすには、体力だけでなく、知力も

あなたの職場にいる身近な50代の社員について、あなたよりも優れていると感じること・見習いたいことはどのような点ですか。[複]

20代～40代

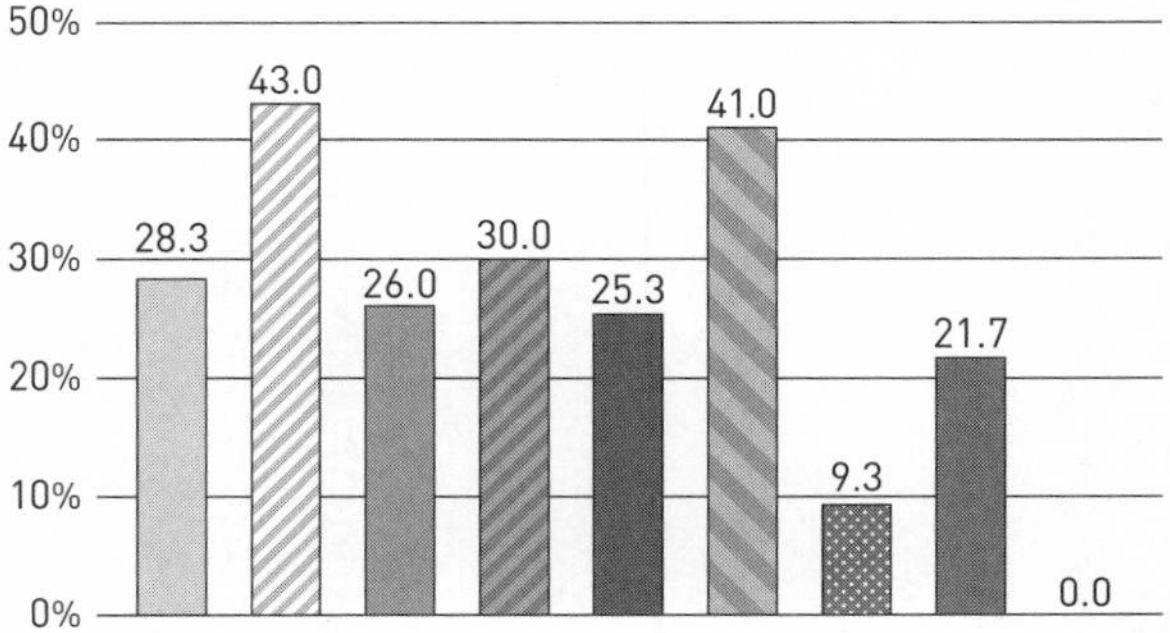

- 組織をまとめあげる強いリーダーシップ
- 豊富な経験に基づく、的確な判断能力と危機管理能力
- 組織のモチベーションをあげるムードメイキング能力や、社内関係を円滑にする調整能力
- 長期の取引などで築いた、社外との信頼関係やコネクション
- 業界情勢や業界慣習についての豊富な知識や経験などを活かした社外交渉能力
- 長年の経験によって身に着けた、専門性の高い知識や高度なスキル
- 新たな知識やスキルを素早く獲得する学習能力
- 特にない
- その他

衰えないように磨いておかなくてはいけないでしょう。

体力は50代になっても、それほど落ちたりしません。メンテナンスさえきちんとしていれば、むしろ若い頃よりも元気になります。

では、知力はどうかというと、僕は記憶力が衰えました。周りの人たちには申し訳ないのですが、もの忘れが多く、固有名詞が出てきません。最近も「綾瀬はるか」と「長澤まさみ」の名前が思い出せなくて、『海街 diary』と検索してようやく確認できました。

知力はすっかり落ちてしまった……と思っていたのですが、実はそうではありませんでした。「脳の使い方」が変わっただけだったのです。


人工知能研究者・黒川伊保子さんの著書『成熟脳―脳の本番は56歳から始まる―』（新潮社）によると、本のタイトルにもあるように、脳の本番は56歳から始まります。

脳は人生最初の28年間であらゆる知識や感覚を得てピークを迎え、40代頃までは試行錯誤を繰り返します。そして50歳近くになると、もの忘れが多くなってきますが、それは大事なものを見極めて不要なものを捨てている「進化」なのだそうです。

この年代の脳の最大のテーマは、無駄なものを捨てていくこと。「脳科学の所見上、ことばは、今を生きることに必要でなくなったものから消えていく」とのこと。

脳を装置として見立てると、**無駄なものを捨てることによって、56歳で出力性能の最大期**を迎えます。これは物事の優先順位が見えてくる脳の最高潮期だといいます。

56歳といえば、現在の僕の年齢です。名前や単語が思い出せず、会話は「あれ」ばかり、というのは50代の「あるある」ですが、脳の力が落ちたわけではなかったのです。

アルツハイマーなどの病気があれば別ですが、「綾瀬はるか」や「長澤まさみ」といった固有名詞を覚える力が衰えただけで、物事の構造や概念などを考える「コンセプチュアルスキル」に関しては、むしろ高まっているといいます。

コンセプチュアルスキルとは、知識や情報などを体系的に組み合わせ、複雑な事象を概念化することによって、物事の本質を把握する力です。

僕の専門である人事領域でいえば、「給与とは影響力である」とか「等級制度とはキャリアステップである」と人事の本質を概念化すること。「要はこういうことだよね」と知識や情報を整理し、物事の本質を見ることができる。これが50代の脳の力なのです。

これは僕も実感があります。ちょうど50歳になった頃、人事に関する本質的なことが見えてきて『人事の超プロが明かす評価基準』(三笠書房)という本にまとめることができました。この本は、初版から6年以上経った今でも増刷が続くロングセラーになっています。

脳は使わないと衰えてしまうので、本や新聞を読む、セミナーに参加するなど自己学習を続けていくことは必要ですが、もの忘れが多くなっても知力が衰えたわけではありません。

豊富な経験によって身につけた的確な判断力や危機管理能力、専門性の高い知識や高度なスキルは、まだまだ磨くことができます。物事の本質を捉えたり、概念化する能力も、若い世代にはない50代ならではの武器です。僕らは、こうした力を伸ばしていきましょう。

会社が偉いのであって、自分が偉いのではない

50代の皆さんは、部長や課長といった役職についている人も多いでしょう。

あなたの職場における50代の社員は、役職に見合った働きをしていますか。[単]

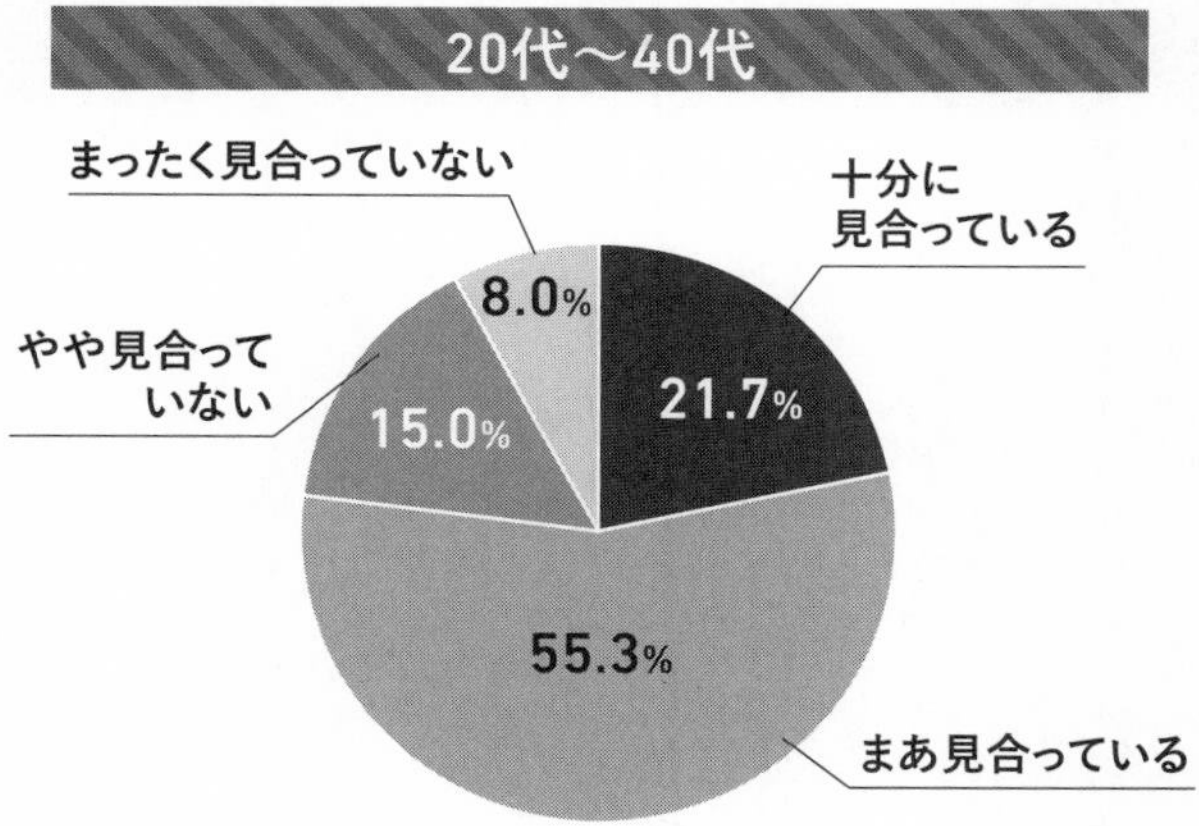

20〜40代の人たちに**「あなたの職場における50代の社員は、役職に見合った働きをしていますか。」**と聞いてみました。

上図の結果は「十分に見合っている」が21・7％、「まあ見合っている」が55・3％、「やや見合っていない」が15・0％、「まったく見合っていない」が8・0％でした。

若い世代の約8割は「役職に見合った働きをしている」と考えてくれているようです。これは悪い結果ではないでしょう。フリーアンサーでも、次のような声が挙がっていました。

「豊富な経験を基に、リーダーシップを発揮している」(30代・男性)
「社内の調整役として感謝しています」(30代・男性)
「経験豊富で若い社員にも積極的に教育してくれる」(30代・女性)
「頼りがいのある上司です」(30代・女性)
「かなわない。自分が50代になったときに、できない気がする」(40代・男性)

役職に見合った働きをして、部下やメンバーから慕われ、尊敬されるのは素晴らしいことです。ただし慢心することなく、適切な危機感をもつことが必要です。

これまでお伝えしてきたように、ここ数年で黒字リストラをする企業が増えています。そのターゲットは「45歳以上の中高年」であり、「パフォーマンスより給与が高い人」です。

フリーアンサーには、次のような声が多くありました。

「上から目線が気になる」(30代・男性)
「会社人生ももう少し。厳しくされることも減っていることで、慣らし運転をしているように見える」(30代・男性)

「組織をまとめる力はあるが、横柄な昔気質な態度は嫌だ」（30代・女性）
「反面教師にしています」（40代・男性）
「年功序列で出世しただけで、特にスキルも無く、管理能力があると勘違いしている人が多いです」（40代・男性）
「運が良い世代」（40代・男性）
「知識・経験・リーダーシップはすごいと思うが、過去の経験に固執した判断しかできないのが課題と思う」（40代・男性）

部長などの役職についていても、給与以上のパフォーマンスを発揮していなければ、早期退職・希望退職の対象になります。副部長や担当部長、次長などの隙間役職についている人は、特にリストラ候補になりやすいです。なぜなら、部長は他にいるからです。

また、「会社を辞めたらただの人」と言われるように、たとえ偉い役職についていても、その威光が通じるのは同じ会社の中だけです。リストラされて転職したり、定年退職した後は、現在の肩書きは、ほとんど役に立たなくなります。

リストラでなくても、やりたいことを見つけて転職したり、自ら会社を辞めて独立・

起業することもあるかもしれません。

健康上の理由で退職せざるを得ないこともあります。60歳、65歳の定年まで勤め上げたとしても、その後も経済的な事情で働かざるを得ない場合もあるでしょう。

転職するのか、独立するのか、第二の人生を歩むのか、その違いはあるとしても、現在の会社を辞めた後も人生は続きます。我々は、いつかは必ず会社を辞めるのです。そのときに会社の肩書きに頼ることはできません。

会社を辞めて「ただの人」になったときに何ができるのか？

これも50代における大事なテーマです。何をするにしても、体力、知力、ＩＴスキル、どれも必要になってきます。自分がやってきたことを棚卸しすることも重要になります。

50歳になったら、いつ会社を辞めてもいい準備を始めましょう。それができる知力はいま最大パワーなのですから。

第2章

人事部長として困る50代、ありがたい50代

役職におごらない人

今回実施した「50代社員に関する意識調査」には、50代社員について**「年齢というより人によって良い悪いが分かれている」**という意見が多く見られました。

「本当に凄いなって思う人と、その逆の人にはっきり分かれます」（20代・男性）

「優秀な人とそうでない人の差が大きい」（20代・女性）

「個人差が大きく、できる人は本当にできるが、そうでない人もいる」（30代・男性）

また、次のようなネガティブな意見も多数ありました。

「上から目線が気になる」（30代・男性）

「組織をまとめる力はあるが、横柄な昔気質な態度は嫌だ」（30代・女性）

「もっと責任を持って、自分の仕事をするべき」（40代・男性）

僕は42歳で独立する前は、カルチュア・コンビニエンス・クラブ（CCC）とクリーク・アンド・リバー社という2つの会社で人事部長を務めました。人事部長として50代の社員に感じていたことは、20～40代の意見とほぼ重なります。それは人事コンサルティング業務を通じて、より多くの企業の方と接するようになった現在でも変わりません。

そこで第2章では、人事部長として困る50代と、ありがたい50代について、いくつか典型的な例を挙げてみたいと思います。これを参考にしていただくことで、「パフォーマンスより給与が高い人」になるのを防ぐことができるはずです。

まず、**ありがたい50代は「役職におごらない人」**です。役職に求められていることを理解して、しっかりと実行している。

部長だったら、部のビジョンと戦略を示し、その戦略に向かった目標をつくり、計画を立てる。「この部は3年後にこういう風にしていく。そのために、こういう道筋で行くよ」と言える。これをちゃんとやっている部長さんは素晴らしいです。

課長だったら、部長が示した目標や計画に沿って、1年間の課の目標を立て、部長とすり合わせ、メンバーに「今期はここまで行こうぜ」と示し、個人の目標をしっかりと立てさせてあげて、計画を立案し、進捗を管理していく。また、定期的にコミュニケーションをとって、メンバーを育成していく。これができている課長さんも素晴らしいです。

管理職には、果たすべき役割である「職位要件」というものがあります。これがちゃんとできている50代は、人事部長としても本当にありがたいです。

しかし、そういう人ばかりではありません。ビジョンも戦略もつくっていない部長さん、部下がつくってきた目標を足し算しているだけの課長さん、上から落ちてきたものをそのまま下に放り投げているだけのマネージャー。そういう人も少なくありません。

管理職としての仕事をしていないのに、偉そうにしている。

こういう人は、非常に困ります。部長なら部長、課長なら課長としての責任をしっかりと果たしていただきたいのです。20～40代の人たちもそれを見ているから、「働く人とそうでない人がいる」「仕事をしてほしい」という意見が出てくるのでしょう。

部長や課長には、責任があります。肩書きではなく、責任を果たすから偉いのです。担当部長や次長といった肩書きだけで威張っていて、「成果を出す」という肝心な部分に関しては部長に丸投げ。このような管理職も非常に困ります。

役職とは、単なる役回りにすぎません。それがあろうがなかろうが、やるべきことをする。結局はそういう人が、肩書き通り、肩書き以上の仕事をしています。

左の表は、僕たちの会社がさまざまな企業に提供している**「職位要件」**を明示したも

職位要件

職位要件	分野	職務遂行能力内容
部長	担当業務	「部」の長として、その業績責任をもつ。
	上位者の補佐	本部長を補佐する。
	権限行使	部長に委ねられる決裁権限を、適切に行使する。
	方針・戦略策定	全社的観点から、担当する部の3年間の戦略を提議し、経営の承認を得る。
	目標設定	担当する部の目標を起案し、経営の承認を得る。
	目標明示	設定された部の目標を部内に示し、管下部署ごとの目標を設定させる。
	予算策定	担当する部の予算案を策定する。
	実績管理	予算と実績の乖離を管理し、予算達成に向け都度施策を企画し実行する。
	実績管理権限	部長としての経費決裁権限を持ち、また本部長決裁事項についても、本部長がその認否を信頼する。
	業績管理責任	担当する部の予算達成責任をもつ。
	人材育成・人材発掘	部の人材育成計画を策定し、実行する。直下メンバー（課長）の育成責任をもつ。評価を適切に行い、部のメンバーを育成する。優秀なメンバーには機会を与えて成長を促す。
	人事管理	担当する部の適切な人員管理（役職任免、人員配置、社員の採用）を本部長に提議する。
	リスク管理	部で起こり得るリスクを予見し、対処し、未然に防ぐ。リスクが発生した時には適切に対処する。
	必要能力	上記業務を遂行するための、会社・業界・職種・業務に関する広範な知識と経験・見識をもち、人望がある。
課長	担当業務	「課」の長として、その業績責任をもつ。
	上位者の補佐	本部長・部長を補佐する。
	権限行使	課長に委ねられる決裁権限を、適切に行使する。
	年度方針策定	全社的観点をもちながら、上位方針に基づき、担当する課の年度方針を提議し、承認を得る。
	目標設定	担当する課の目標を起案し、本部長・部長の承認を得る。
	目標明示	設定した課の目標を所属メンバーに示し、個人別目標の設定をさせる。
	予算策定	担当する課の予算案を策定する。
	実績管理	予算と実績の乖離を管理し、予算達成に向け都度施策を企画し実行する。
	一次承認権限	課長として一次承認権限をもち、決裁者がその認否を信頼する。
	進捗管理と支援	課の目標達成のための、全体の進捗管理及びメンバーの進捗を確認し、達成のための支援を行う。
	業績管理責任	担当する課の予算達成責任をもつ。
	人事管理	担当する課の適切な人員管理（メンバーの担当職務決定、勤怠管理・承認、労務問題の発見・一次対応）を行う。
	人材育成	課のメンバーの育成責任をもつ。定期的に面談を行い、育成支援をするとともに、評価を適切に行い、気づきを与え成長を促す。
	リスク管理	部で起こり得るリスクを予見し、対処し、未然に防ぐ。リスクが発生した時には適切に対処する。
	必要能力	担当する課における上記業務を遂行するための、会社・業界・職種・業務に関する広範な知識と経験をもっており、上位者・下位者より信頼を得る。

のです。規模にかかわらず、ほとんどのクライアントが、この要件を活用して管理職の任免の判断材料にしています。役職についている人は、自身が果たすべき役割とは何か、チェックしてみてください。

自分の得意分野を認識し、活用している人

自分の得意分野を認識し、周囲からも認められ、活用している人は、ありがたい50代です。自分は何が得意なのかをしっかりと把握し、「これに関しては僕に任せてくれ」「俺がやってみるわ」と言ってくれる。○○を頼めばやってくれる。

苦手分野も認識し、それに関しては致命傷にならないように努力し、得意分野できちんと成果を出す。自分を客観的に捉えることができ、それを仕事に活かしている。

このような50代は、「素晴らしい」（20代・男性）、「頼りやすい」（20代・女性）、「仕事ができて、とても憧れである」（20代・女性）、「社内の調整役として感謝しています」（30代・男性）と、若い世代からも高く評価されています。

一方、**困るのは、何ができるのかわからない50代**です。

今回のアンケートでも、50代社員に対して「存在価値が謎」（20代・男性）、「働かなさすぎる」（20代・男性）、「何もしてないし正直困る」（30代・男性）、「役に立たない」（40代・男性）といった厳しい声が多数ありました。これは会社にとっても同じです。「何ができるのかわからない」は、20代ならまだしも、50代にもなってそれでは困ります。何ができるのか、何が得意なのか、自他共に認められなくてはいけません。「これだったら、あの人にお願いしよう」という存在にならなければ、先行きは非常に危ういです。

50代になったら、キャリアの棚卸しが必要です。

これまでの仕事を振り返り、自分は何が得意なのか、何が苦手なのか、「できることリスト」と「苦手なことリスト」を書き出してみましょう。

考えるだけでなく、書くことが大事です。人間は書くことによって脳にインプットされ、明確に認識できます。たとえ自己評価が低い人であっても、20年、30年と働いてきたのですから、得意なことは絶対にあるはずです。「自分にできることは何だろう」「若い人に教えられることは何だろう」と考えて、改めて言葉にしてみてください。

苦手なことを認識することによって、努力して克服するなり、致命傷にならないレベルまで身につけるなり、具体的な行動に移すことができます。

「得意なこと」と「苦手なこと」を示してくれれば、周囲も「じゃあ、これお願いします」と言えますし、本当に苦手なことなら頼みません。それによって社内のポジションや職場における役割を明確にすることができます。

ただし、苦手なことを逆手にとって「俺はできないからやらない」といった開き直った態度はNGです。そういう態度が「積極的ではない」（20代・男性）、「デジタルツールの導入を忌避する傾向があり、今後のIT化の弊害になる」（20代・女性）、「新たな知識を取り入れようとしない」（30代・女性）、「保守的。自分で学ぶ気がないように感じる」（30代・女性）というように、若い世代からの批判の的になるのです。

苦手なことを認識し、拒否することと、迷惑にならないように努力することは、全然違う話です。謙虚に学ぶ姿勢は、50代にとって特に必要となります。

変わろうとしている人

今回のアンケートでは、「変わろうとしない50代」に対する、若い世代からの厳しい意見が多く見られました。

「古い考えの人が多い」（20代・女性）、「考え方が古すぎる」（20代・女性）、「頼りになるが、知識や考えが古かったする」（20代・女性）、「人生の経験はあるが、仕事自体ができるとは思えない。よくこれで生きてきたな〜と思う」（30代・女性）、「パソコンなどでわからないことが多い気がするので、自分でも少し勉強してみてはと思うことがある」（40代・女性）、「教えても何度も同じことを訊いてくるので、メモを取るなどしてほしい」（40代・女性）、「とにかく頭が凝り固まっていて、偏見や差別がひどい。そしてこのコロナ禍でも夜な夜な飲み歩き、飲みニケーションをまだやっていて迷惑」（40代・女性）。

特に女性から辛辣《しんらつ》な意見が多く寄せられています。

また、近い世代であるはずの40代からも「頑固」（40代・男性）、「考えが古い」（40代・男性）、「考えが固い感じがする」（40代・男性）、「ルーチンはこなすが、新しいことを行うことはあまりない」（40代・男性）といった指摘が多くありました。

にもかかわらず、33ページで紹介したように、50代の約半数が「特に課題と感じることはない」と考えているようです。

これはハッキリ申し上げて、相当まずい状況です。課題がない人なんていません。僕も偉そうなことを書いていますが、課題だらけです。

会社が求めているのは、「成長と変化」です。時代や社会の流れとともに、社員に求められるものも常に変わっていきます。それは50代であっても同じです。

人事部長としてありがたい50代も、「変わろうとしている人」です。課題をちゃんと認識し、必要なものについては変わろうと努力する、新しいものを身につけなくてはいけないと思っている。そういう人には、成長と変化が期待できます。

部長研修で、「俺さあ、今回初めて自分の○○に気づいたよ。ありがとう」と言ってきた部長さんがいました。素晴らしいですよね。こういう人は本当に周囲から人望があります。

自分は何を知っていて、何を知らないのか。何ができて、何ができないのか。まずはそこを自覚する。知らないことや、できないことを理解すれば、勉強するなり、努力すればいい。自分の課題を見つけることは、ビジネスパーソンにとって重要なスキルなのです。

新しいこと、知らないこと、やったことのないことを最初から拒むのではなく、「ああ、それはやったことないけど、わかった。ちょっとやってみるわ」と言える。柔軟な発想と、フットワークの軽い行動ができる50代を目指しましょう。

同じ50代でも変わろうとしている人に対しては、「若い人の声も積極的に取り入れてくれる」（20代・女性）、「勉強する意識が強く、常に改善点を探している」（30代・男性）、「フットワークが軽くて良い」（30代・女性）、「柔軟に対応ができ頼りになる」（40代・女性）と、ポジティブな意見が多く寄せられています。

自分を変えるために、自身の課題を書き出しましょう。課題が思いつかないのなら、周囲の人に聞いてみましょう。本書の巻末に**「これだけはやめよう」と「これをやってみよう」というチェックリスト**も掲載しておきます。

50代になっても変わり続けていきましょう。変わることは少々面倒ではありますが、やってみると楽しいものです。新たな発見・気づきと学習は、人生を豊かにするように思えますが、いかがでしょうか。

低い評価を謙虚に受け止められる人

低い評価を謙虚に受け止められる人も、人事部長としてありがたい50代です。これは、自己評価が適正な人とも言えます。

僕は人事部長やコンサルタントとして1万人超の採用面接や昇格面接、管理職研修などに立ち会ってきましたが、自分を適正に評価できる人は、あまり多くありませんでした。

自己評価が高すぎたり、逆に低すぎたりするケースが多いですが、**ほとんどのトラブルは自分のことを過大評価している人が引き起こします**。セクシャルハラスメントは「自分なら許される」、パワーハラスメントは「俺は偉いんだ」といった勘違いによって起こっています。

24ページで紹介した「50代の社員の給料は、仕事の成果と比べて、適正だと思いますか。」という質問に対して、50代の約4割は「低い」と回答していました。

これは「低い」と思っていること自体が問題です。20～40代の約半数は「適正だと思う」と回答しています。周りは低いと思っていないのに、自分では低いと思っている。これは、自分を客観視できていない証拠です。

「俺は給料をもらいすぎている」と思っているぐらいの人のほうが、高いなりのことをしなければと思って、給与以上のパフォーマンスを発揮しています。

自分をわかっている人は、低い評価も謙虚に受け止め、改善の努力をします。そのため、成長しやすく、周囲からも信頼され、会社の評価も高くなります。

とはいえ、自分を適切に評価するのは非常に難しいものです。会社の評価制度が活性化していれば、自己評価が適切なのかどうか、上司の評価を知ることで見極めることができます。３６０度評価（直属の上司だけでなく、同僚、部下、他部門の関係者など、さまざまな人々が、あらゆる角度から多面的に評価する方式）を取り入れている会社だったら、それぞれの評価を真摯に受け止めることによって自己認識を変えることができます。

評価制度が活性化していない会社では、それができません。

そういう場合は、身近な人に聞いてみてください。まだ年上の人が会社にいるのなら「俺ってどうですか？」と尋ねてみる。部下や後輩に「俺ってマジでどう思う？　怒らないから遠慮なく本当のことを言って」とお願いしてみる（本当に怒らないでくださいね）。家族に聞いてみてもいいでしょう。重要なのは、他者の意見を通じて、自分を客観的に見ることです。

本書でも企業の評価基準となるビジネススキルやコミュニケーション、年収別に必要な行動を紹介していきます。それらも参考にして、改めて自己評価をしてみてください。

自分のことを本当に正しく見るのは、きついと思います。薄くなった後頭部を改めて自分で見たくはないものです。できれば知りたくなかった話が出てくるかもしれません。それでも人生はまだ長いのです。50歳になったら一回、自分自身としっかり向き合ってみることも大事なのではないでしょうか。

求められた役割をしっかり行う人

50代で大切なのは、給与以上のパフォーマンスを発揮することです。そのためには、自分が会社から何を求められているのかを、しっかり認識しておくことが重要になります。

せっかく一生懸命頑張っても「いやいや、そこを求めているわけじゃないから」となってしまうのはかなり痛いですよね。会社から求められている役割を認識できていないと、そういうことが往々にして起こってしまいます。

クライアント企業の目標設定会議にオブザーバーとして参加する際には、僕はいつも**「ミッションと目標が大事」**という話をしています。なぜなら、自分のミッションを正しく書くことができる人が少ないからです。

例えば経理の人に「あなたのミッションは何ですか？」と質問すると「数字の管理です」と答える人が多いのですが、経理に求められているのは数字の管理だけではありません。

僕はこれまで４００社以上の人事に携わってきましたが、自分のミッションを適切に書ける人は３割もいないような気がします。会社が求めていることからズレてしまっていて、「そこじゃないですから」といったケースがとても多いのです。

組織内における自分のミッションとは何か。改めてしっかり棚卸しして、上司に「これでいいですか？」と確認してみましょう。

組織内におけるミッションとは「その人の、その期のメインの役割や担当、創出する価値」です。できれば「ワクワクするもの」が理想です。特に管理職については、部署のミッションがワクワクするものでなければ、部下の動機づけができません。ミッションが「粗利を増やす」では、仕事がつらくなる、と思われるのがオチです。

自分が「価値を提供する相手」を想定し、商品やサービス、業務を通じて、より喜んでもらえることをミッションにします。「価値を提供する相手」は、エンドユーザーに限りません。管理部門の人なら、経営者でも株主でも、他部署の社員や取引先の人々でもいいのです。

ミッションの書き方は、「○○をより○○する」と表現します。

例えば経理なら「経営者により早く経営数値を報告し、経営判断をしやすくする」、人事なら「社員がより働きやすい環境を整えて業績向上に貢献する」などでしょう。

適切なミッションを設定し、実行できている人は「パフォーマンスより給与が高い人」にはなりません。50代は、人から言われたことではなく、自らミッションを設定しなければなりません。会社や組織に認めてもらうための特に重要なポイントです。

役職なし、それが何だ？

50代になると、職位や立場の格差が出てきます。そのため50代になって役職についていない人は、気にされているかもしれません。

でも「役職なし、それが何だ？」です。役職なんてなくてもいいのではないでしょうか。担当部長や副部長、次長など、組織の長ではない役職は、おそらく今後はなくなっていきます。単に名誉として、会社が気を使ってくれているだけの肩書きです。外の方と会ったときに何にも肩書きがないと困るよね、とか、対外的に「ちょっと偉いんですよ」と示したいよね、と気を使っているだけの役職ですから、組織の長でないのであれば、役職のない人と大した違いはないのです。

部長でありながら、部長としての役割を果たしていない人も少なくありません。大事なのは、肩書きではなく、会社に求められている役割をきちんと果たすことです。

では、50代で役職のない人は、組織の中でどのような役割が求められているのかというと、**そのひとつは人を育てること**です。教えられることを教え、後輩やメンバーの成長を促す役割です。

部下がいない人でも、後輩を育てることはできます。あるいは、自分の仕事を体系化して、マニュアルをつくり、部署や会社に残すこともできます。そうすれば、自分の知識やスキルを後輩に継承し、人材育成に貢献できます。30年近く働いてきたのですから、学んできたことは必ずあります。それを形にして残すのです。

僕は前職・前々職を辞めるときに「西尾くんが学んできたことを全部マニュアルにして残していってほしい」と役員に言われ、2～3ヶ月かけて人事マニュアルを作成しました。人事施策を「なぜそれを行っているのか」「人事業務をどのように考えるのか」など、仕事の「やり方」だけでなく、その背景にある「考え方」もまとめました。その仕事を初めてやる人が見てもわかるようなものをつくれば、会社の財産になります。自分がやってきた仕事を他の人でも理解し、できるようにして、次世代に継承するのです。

もうひとつは、困っている人がいたら助けること。アドバイスをするだけでなく、一緒にやってあげる、悩みを聞いてあげるなど、役職に関係なくできることはあります。

ドツボにハマっている若い子がいるのに「じゃあな」と先に帰るようではダメです。「おい、大丈夫か？」「手伝ってやろうか」などと声をかけてあげる。「この人に手伝わせると余計な仕事が増える」と思われて「結構です」と言われることもあるかもしれませんが、喜んでくれたり、助かりました、と感謝してくれる人もいるはずです。

元気のないメンバーがいたら「元気ないけど、どうした？」「ちょっと昼飯でも食いに行こうか」「お茶でも行くか」などと声をかけてあげる。役職があろうがなかろうが、先輩社員にはこうした役割が求められています。

今回のアンケートでも、50代社員に対して「業務知識が豊富で、困ったときに頼りになる」（20代・男性）、「いないと困る」（20代・男性）、「一見厳しそうに見えるが、優しくてしっかりと他の社員の方々への配慮がなされている」（20代・男性）、「いろいろと教えてくれたり、フォローしてくれるので助かる」（20代・女性）、「優しい人が多い」（20代・女性）、「何を聞いてもすぐに答えを出してくれる」（20代・女性）、「頼りになり、信頼できる」（30代・男性）、「いろいろ勉強になることがある」（30代・男性）、「経験豊富で若い社員にも積極的に教育してくれる」（30代・女性）、「気さくに話しかけてくれる」(30代・女性)といった若い世代からの感謝の声が多数ありました。カッコいいですね。

役職がなくても、こうしたことができる50代は会社から高く評価されます。若い世代からも尊敬されます。役職なんて気にせず、自分ができることをやっていきましょう。

若手の特権は「抜け・漏れ」。これをカバーする

若い世代には見えないこと、できないこと、苦手なことを教えられる人も、ありがたい50代です。若手と一緒に仕事をしていると、全体像が見えていないことが多くありませんか?

20代・30代は、物事の全体観を捉えて体系化や概念化をするコンセプチュアルスキルがまだできていないので、どうしても「抜け・漏れ」が出やすくなってしまうのです。

その点、我々50代は**脳の使い方が変化し、物事の構造や概念を理解したり、本質を捉えるコンセプチュアルスキル**が高まっています。それなりに場数も経験しているので、抜け・漏れのない視点を持ちやすくなっています。

若い人のやることを見て「いや、それもいいんだけど、こっちも気をつけろよ」と言えるのは、50代ならではの強みです。老眼は近くが見えなくなった分、遠くが見えますよね。僕らは年を重ねた分、広い視野も持てるようになっているはずです。

若手の抜け・漏れをカバーするのは、50代の大事な役割です。別の視点を与えたり、足りない部分を伝えてあげるなど、適切なアドバイスをしてあげましょう。

話は聞くが、説教しない

若手へのアドバイスは50代にとって大事な役割ですが、注意しなければならないことがあります。それは「話は聞くが、説教しない」です。

若い人の話は聞きましょう。ただし、聞くだけで済む場合がたくさんあるので、聞くだけです。「なるほどな、そうだな、それは悩ましいな」と話を聞いて、「どうしたらいいですか？」と聞かれたら、「こうしたらいいんじゃない？」と答える。

「どうしたらいいですか？」と聞かれなかったら、「なるほどな、大変だな。わかるよ」で終わらせるべきときもあります。アドバイスすべき場面かどうかを冷静に見極めましょう。アドバイスをするなら、ごく簡潔に「こうしてみたら？」「○○さんに相談してみたら？」などの示唆を与える程度にしましょう。

アドバイスのつもりが説教になってしまったり、「俺の若い頃は～」みたいな昔話が始まってしまうと、確実に鬱陶しがられます。まずは聞くこと。ここが重要です。

若手の話を聞いて助言を求められたら、「こうしたらいいと思うけど、どう思う？」と尋ねる。この**「どう思う？」も大事なポイント**です。「こうしろ、ああしろ」ではなく、「俺はこうしたほうがいいと思うけど、どう思う？」と問い返す。

これはコーチングのテクニックです。教えるべき相手なら教えてもいいのですが、ちょっとした後輩や同僚に近い相手なら「どう思う？」と本人に考えさせて、相手の考えや思いを引き出す。相手が答えたら「なるほど、そういう考えもあるよな。でも、こういうことも考えられると思うけど、どう思う？」と、さらに問い返してもいいでしょう。

管理職研修で評価面談の練習をすると、この「どう思う？」が言えない人がとても多いです。「評価はB。これとこれを頑張ろうな。以上」。これで終わってしまうのです。コーチングにおいて最も重要なのは、「相手の話を聞くこと」です。

話の要所要所で質問し、「こういうことがあって、Ｂ評価になっちゃったけど、どう思う?」と、相手の考えや思いを引き出す質問をする。相手の言いたいことを正しく理解するために、話のポイントごとに要約したり、自分の価値観を混ぜずに言い換えたりしてみる。自分と意見が違っても、話は最後まで聞く。こうしたテクニックが必要になってきます。

若い世代とのコミュニケーションでは、次の３つはＮＧと覚えておきましょう。

・相手の話を聞かず、理解しようとしない。自分の話しかしない。
・相手の話を遮る。拒絶する。最後まで聞かない。
・相手の話を否定して、受け入れない。自分の価値観を変えない。

50代の役割は、人を育てることです。若い世代とのコミュニケーションは、いきなり説教を始めたり、単に答えを教えるのではなく、成長を促す機会にしましょう。

勉強、情報収集をしっかり行っている人

勉強や情報収集をしっかりやっている人も、人事にとってありがたい50代です。自分

のためにするのはもちろん、若手のアドバイスにも活かせる人は尚いいです。

若い世代に何か質問されたら「この本を読んだら参考になるよ」とか「日経新聞にこんな記事があったけど、見た?」と言える。

座学だけでなく、社内外の人的ネットワークを広く持ち、「それだったら、あの人に聞けばいいよ」とか「いい人を紹介するよ」と言える。あるいは、その場で繋ぐ。

「あいつに聞いてみ。ちょっと俺、電話してやるよ。……あのさ、うちのメンバーがこういうことで困っているから、ちょっと相談に乗ってやってくんない?」

こういう50代は、カッコいいです。日頃から幅広く勉強や情報収集を行い、社内外のネットワークも活かせる、引き出しが多い50代を目指しましょう。

問題を収めてくれる人

50代に対する若い世代からのポジティブな意見に多く見られたのは、「頼りになる」「信頼できる」というコメントでした。

「困ったときに頼りになる」(20代・男性)、「信頼できる」(20代・女性)、「頼りにしている」（30代・男性）、「頼りがいのある上司です」（30代・女性）、「頼もしい」（40代・男性）、「いざというときに頼れる存在」（40代・女性）。

何かトラブルが起こったときに、問題を収めてくれる50代社員は、僕たち人事も信頼し、頼りにしています。若手がお客様とトラブルを起こしてしまったときでも、「よっしゃ、一緒に行くか」と言ってあげられる人は素晴らしいです。

リスクマネジメントは、管理職の重要な業務のひとつです。起こり得るリスクを予見し、対処し、未然に防ぐ。リスクが発生したときにも適切に対処する。

問題が起こったら、まずは当人に話を聞き、「問題が起こった原因は何だろう？」「なるほど、そこに問題があったんだな」「わかった、一緒に行くか」と親身になって対処する。豊富な経験を積んできた50代だからこそ、リスクに対して適切な対処ができます。

これも若い世代にはできない、我々ならではの強みです。トラブルを防ぎ、起こってしまったときは自ら速やかに対処し、いざというときに頼られる人になりましょう。ビジネスで謝ることも、これまで何回もしてきたのではありませんか？　そしてピンチをチャンスに変える力も、僕たちは持っているのではないでしょうか。

第3章

50代の強みを考えよう

そうは言っても経験を積んできた。学んだことをまとめてみよう

　僕たち50代は、とかく悪く言われがちです。「働かない中高年」だの「会社の妖精さん」だのとマスコミに叩かれ、本書のアンケートでも「ひたすら邪魔でしかない。せめて何もしないでほしい」（20代・男性）、「給料に見合う活躍をしていない」（20代・男性）、「もう少し意欲を持って仕事してほしい」（20代・女性）、「加齢臭がする」（20代・女性）、「経営圧迫」（30代・男性）、「じゃま」（30代・男性）、「コスパが悪い」（40代・男性）、「いなくてもよい」（40代・女性）など言われ放題です。

　しかし、**50代は本当にそんなに「弱者」なのでしょうか？**

　たしかに若い頃のようにガムシャラに仕事に取り組んでいるようには見えないかもしれません。でもそれは、何をしたらいいのか、何をしなくていいのかが、少しは見えるようになってきただけかもしれません。

　意欲がないように見えても、やる気の方向性が変わっただけとも言えます。量をこなそうとか、なんでも全力でやろうというモードから、もうちょっと質的に高いことをや

ろう、こうやったらうまくいくんじゃないか、と成長したとも考えられます。

腰が痛いとか、血圧が高いとか、健康上の問題が出てきた人もいるでしょう。それも割合の問題であって、20代でもそういう人はいます。パラリンピックなどを見ていると、身体上のハンディがあっても頑張っている人はたくさんいます。50代がみんなヨボヨボではないですし、元気な人は元気です。

先述したように人工知能研究者の黒川伊保子さんによると、脳の本番は56歳から。50代の脳は成熟期を迎え、概念化能力はむしろ高まっているそうです。「これってこういうことだよね」とズバッと言えるのは、脳の構造上から見てもかなり良い状態になっているからなのです。

もの忘れが多くなったとしても、それは脳が不要なものを捨てているだけ。そういうことでなんとなく自分の能力が下がっているように思えるかもしれませんが、固有名詞を思い出せなくても、スマホで検索すれば問題ありません。

加齢によって衰えた部分があったとしても、体力・健康はメンテナンスをして鍛え直せば、元に戻ります。知力はこれからも伸びていきます。

50代になった自分たちの「強み」とは何か、今一度、考えてみましょう。

僕らは20年、30年と働いてきて、多くの経験を積んできました。これまで学んできたことを整理して、自分の強みや課題を改めて確認してみましょう。

ビジネススキルを棚卸しする

僕たちビジネスパーソンは目の前の仕事に追われ、自分を振り返る機会がなかなかありません。人生100年時代ですから、50歳はちょうど折り返し地点。50代を迎えたこの機会に、自身のビジネススキルを棚卸ししてみましょう。

棚卸しをすることによって、自分の「強み」と「弱み」が改めて見えてきます。強みは伸ばし、弱みは致命傷にならないように努力する。また、自身の「市場価値」も見えてきます。自分は現在の年収に見合ったパフォーマンスを発揮しているのか。黒字リストラのターゲットにならないためにも、チェックしておく必要があります。

また、知識やスキルを整理することによって、部下や後輩の役に立てたり、独立・起業の可能性も見えてきたりします。改めて自分のキャリアを振り返ってみましょう。

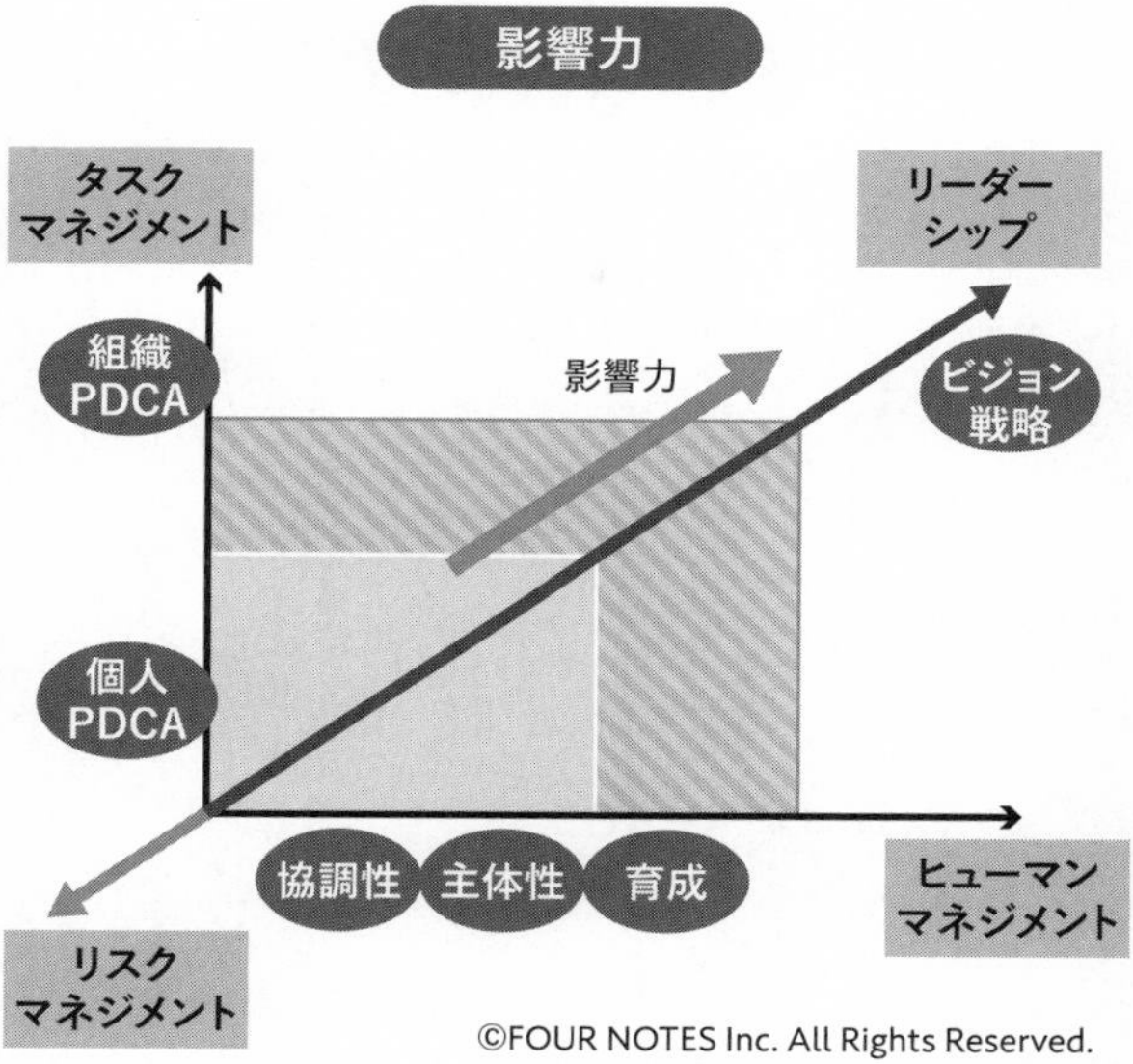

マネジメント力はあるか

まずはマネジメントスキルをチェックしてみましょう。

マネジメントとは、管理職にだけ必要なスキルではありません。マネジメント力を図に表すと、上図のようになります（この図も最近、僕に降ってきた「コンセプチュアルスキル」ではないかと思います）。

縦軸がタスクマネジメント、横軸がヒューマンマネジメント。さらに組織のリーダーには、リーダーシップが求められ、リスクマネジメントも必要になってきます。

タスクマネジメントとは、仕事を効率よく進める、納期を守るといった、いわゆるＰＤＣＡを回す力です。段取りを組み、ミスなく実行し、品質をチェックし、より良く改善し、成果を上げる。まずは個人のＰＤＣＡを回すことが求められ、マネージャーになると、これを組織単位で行い、最短距離で目標を達成することが求められるようになります。

個人ＰＤＣＡを回し、自分ひとりで仕事を完遂できれば、年収は３００万程度。周囲を巻き込み、後輩やメンバーの指導をするなど、チームのＰＤＣＡを回せるようになると年収は４００万以上。小単位の組織を率いる課長クラスになると年収５００万以上。率いる人数や業種、規模などによって、年収７００万くらいにもなります。

一方、ヒューマンマネジメントとは、対人関係能力です。周囲の人と良好な関係を築いてチームワークを発揮する「協調性」と、自分で考えて動く「主体性」が求められます。これが問題なくできればプレイヤーとしては一人前。年収４００万くらいになります。

マネージャーになると、そこに「育成」が加わり、自分だけでなく、人を育てることが求められます。育成とは、メンバーの3年後、5年後のキャリアビジョンやライフビジョンを把握し、それについてメンバー一人ひとりと話し合い、各々の課題を明確にし、能力開発を支援すること。その成果やマネジメントの責任を負うメンバーの人数などによって上がっていき、課長クラスなら700万くらいまでの年収が望めます。

ビジネスパーソンにとっての成長とは、この縦軸（タスクマネジメント）と横軸（ヒューマンマネジメント）の面積を広げ、影響力を大きくしていくことです。

年収800万以上は、いわゆる部長クラスです。部長クラスになると、リーダーシップも求められます。組織の3年後、5年後のビジョンを描き、戦略を策定する。ビジョンとは、組織のあるべき姿や方向性。戦略とは「やるべきこと」と「やらないこと」を明確に示すこと。部長クラスは、一定以上の経験・知識、戦略フレームなどの知識による事業戦略、組織戦略、人事戦略、財務戦略などに長《た》けている必要があり、高度な勉強が必要となります。組織や会社の命運を左右する重大な決断を下し、その責任を取る覚悟も求められます。

さらに、リスクマネジメントも必要となってきます。リスクとは、すべてを台無しにするもの。人、モノ、契約、お金、情報などに関するリスクを管理し、何かが発生したときに被害を最小限に抑える知識やスキルが求められます。

タスクマネジメント、ヒューマンマネジメント、リーダーシップ、リスクマネジメント、まずはこの4つのポイントで、自身のマネジメント力について棚卸ししていきましょう。

①タスクマネジメント

部下のいない方であれば、段取りを組み、ミスなく実行し、品質をチェックし、納期を守り、よく良く改善し、成果を上げることができているか、振り返ってみてください。

例えば、納期を守れる人は、大きな目標に対して、いつまでに何をするか、やるべきことを、しっかりと計画を立てて取り組んでいます。

早めに計画を遂行し、何かあったときに時間的余裕が持てるようにリスクヘッジをしておく必要もあります。計画通りに進んでいるか進捗を管理し、計画と現実の乖離（ギャップ）を把握し、その対応策も用意。緊急度・重要度などの優先順位を明確にしておき、不測の事態が起こった場合には、何を捨て、何を優先するのかを判断できるようにしておく。

部下のいる方であれば、これを組織単位で行います。チームの目標を設定し、計画を立案し、進捗を管理し、チームの目標を達成する。部下の進捗管理をするためには、マイルストーンを設定し、そのマイルストーン時点で常に検証を行う必要があります。

目標を達成できない状況に陥る前に、助けを求める組織風土をつくることも重要です。ミスやトラブルについての情報が確実に自分のところに来る仕掛けをしたり、進行が30%、60%の段階で部下が現状報告をするマイルストーンも明確にします。

タスクマネジメントができないと、組織の中で「あの人、いい人なんだけど、仕事できないよね」と言われる存在になり、リストラの危険性が高まります。

ミーティングを定期的に行い、現状がきちんとわかる仕組みができているか。常に納期や品質を確認し、確実に実行できるように働きかけているか。こうしたポイントを一覧表にして、自身のタスクマネジメントのスキルをチェックしてみてください。

②ヒューマンマネジメント

対人関係能力の「協調性」については、20年、30年と社会人をやっている方であれば、もうすでに身に着いているでしょう。メンバーと協調し、他者に積極的に協力する。困っている人がいたら助け、チームの方針を理解して働く。チーム内の自分の役割を把握し、責任を持ってその役割を果たす。協調性120%でなくてもいいのですが、これがないと「あの人、仕事はできるけど、一緒に仕事したくないよね」という存在になってしまいます。

メンバーに適度に声がけをする、過度に干渉しない、何か手伝ってほしそうなときは「大丈夫か？」と声をかける。そうした行動ができているか、振り返ってみましょう。

一方、自ら考え、行動をする「主体性」は、50代でもできていない人が見受けられます。自ら考えない。常に受動的で行動を起こさない。指示されるのをただ待っている。常に上司や周囲に「どうしましょうか？」と尋ね、自分の考えがない。担当外の仕事を避ける。仕事を受けない。やりたがらない。こうした行動をしていませんか？

自ら考え、主体的に行動を起こす。指示を待たず「こうしたいのですが、いいですか」と上司や周囲に確認し、自分から積極的にアクションを起こす。人の嫌がる仕事、自身の担当外のことでも進んで引き受ける。こうした行動ができているか、確認してみましょう。

人を育てる「育成」は、50代に求められているスキルの中でも特に重要なものです。メンバー一人ひとりのキャリアビジョン・ライフビジョンを把握し、それについてメンバーと一緒にプランニングし、どうすべきかを考える。部下の人事評価を適切に行い、各々の強みと弱みを明らかにし、本人に認識させる。しかるべきフィードバックを行いながら、個別の目標設定を促し、それぞれの技術や能力の向上を積極的に支援する。こうした行動ができているか、しっかりと振り返ってみてください。

人を育てられない50代は、「あの人いらないよね」となって、黒字リストラされる危険性が高くなります。「○○さんには人を任せられない」と思われてしまうと、「いらない人」候補になりやすいです。自分はどのように人を育ててきたのか、どんな人材が育ってきたのか、具体的に書き出してみましょう。

昇格面接で「あなたは人を育てるのが得意ですか?」と聞くと、自分で「得意です」と言っている人ほど、そうでもないケースが多くあります。それは得意だと思い込んでしまっていることで、反省がないからです。人の育成は本当に難しいものです。そこに適切に悩んでいる人ほど、実は人を育てている、かもしれませんね。「得意だ」と言い切れない難しさをしみじみと実感している人です。

メンバーは3年後、5年後にどうなりたいと思っているのか。何を目指しているのか。キャリア上の悩みは何かを把握し、適切なアドバイスを送っているか。目標管理の際は、メンバーの能力やキャリアプランに沿った適切な目標を設定し、達成支援を積極的に行っているか。自身の人材育成の方法についてチェックしてみてください。

③リーダーシップ

年収800万から1000万以上を目指す、または維持したい方は、ここが非常に大事です。ビジョンや戦略をつくるためには、世の中のことを広く知っておかなくてはなりません。

中長期的な視野を持ち、3年後、5年後には、自社や自部門はどのような姿になっているのか。何を目指し、何を実現しているのか。世界や日本の動き、経済や景気、マーケットの動向、自社と競合のトレンドなど、多くの情報を集め、リスクも考慮した多角的な視点を持つことでビジョンを明確にし、社員や経営陣に提示する。

部長や役員クラスであっても、実はこのレベルができる人はなかなかいません。だからこそ希少価値が高く、大きな企業であれば、年収1000万以上を望むことができます。

そして、ビジョンに向かう戦略を策定し、具体的な方針を示しているか。経済動向や景気、マーケットの状況を広く把握し、戦略策定時に考慮しているか。リスクを想定せず、夢物語になっていないか。捨てるものを明らかにして、その責任を取る覚悟があるか。

これらのポイントをチェックして、自身のリーダーシップを振り返ってみてください。

④リスクマネジメント

企業にとってのリスクは、情報漏洩、粉飾決算、長時間労働など、さまざまなものがありますが、50代の我々が特に注意しなくてはならないのは、パワハラやセクハラといったハラスメントです。

本書の「50代社員に関する意識調査」でも、「自分の周りにいるその世代は全員男性であり、自分はセクハラなどされたことはないが、他の若い男性社員がパワハラなどの被害にあっていないか心配」（20代・女性）、「セクハラ、パワハラに該当するような言動を控えてもらいたい」（30代・女性）、「自分をいつまでも若いと勘違いしていて、自分がやっていることがセクハラだと気づいていない」（30代・女性）といった声が多数ありました。

改正労働施策総合推進法（通称「パワハラ防止法」）が施行され、大企業では2020年6月1日からパワハラの防止措置を取ることが事業主の義務となっています。中小企業でも2022年4月1日より適用されます。セクハラも、「男女雇用機会均等法」第11条によって、防止措置を取ることが事業者に義務づけられています。

パワハラ防止法は、厚生労働大臣が必要であると認めたときは、事業主に対して助言、指導または勧告をすることができます。勧告を受けたにもかかわらずパワハラが常習化して前述の指導での改善が見られない場合には、企業名が一般に公表され、SNSなどを通じて世間に広まるリスクがあります。

セクハラは、行為者は懲戒処分の対象となり、職場内での信用や地位を失います。また、行為者だけでなく、企業としての社会的信用の失墜も招くことになります。

行為者は法的責任も問われる可能性が高く、適切な防止策や相談対応をしなかった事業主も、民法上の責任を負うことがあります。

つまり**ハラスメントは、行為者本人だけでなく、会社にとっても重大なリスク**なのです。パワハラやセクハラをする社員に対しては当然、厳しい措置が取られます。

パワハラについて厚生労働省では「同じ職場で働く者に対して、職務上の地位や人間関係などの職場内の優位性を背景に、業務の適正な範囲を超えて、精神的・身体的苦痛を与える、又は職場環境を悪化させる行為」と定義しており、具体的な類型として110ページの表のような行為を挙げています。要は、職場における「いじめ」です。

また、パワハラは上司から部下への行為だけとは限りません、職場の先輩・後輩間、同僚同士、さらには部下から上司に対する行為も該当し、社員から派遣スタッフ、逆に派遣スタッフから社員というケースもあります。

一方、セクハラは「職場において行われる性的な言動に対するその雇用する労働者の対応により当該労働者がその労働条件につき不利益を受け、又は当該性的な言動により当該労働者の就業環境が害されること」と定義されています。つまりセクハラの判断基準は「被害者が性的に不快な行為であると感じているか」であり、明確な基準はないのです。

管理職としてハラスメントを防止するリスクマネジメントはもちろん必要ですが、自

パワハラの類型

①身体的な攻撃	殴打、足蹴りを行う。相手に物を投げつける。
②精神的な攻撃	人格を否定するような言動を行う。必要以上に長時間にわたる厳しい叱責を繰り返し行う。他の労働者の前で、大声で威圧的な叱責を繰り返し行う。
③人間関係からの切り離し	特定の労働者を仕事から外し、長時間別室に隔離する。1人の労働者に対し、同僚が集団で無視をし、職場で孤立させる。
④過大な要求	新入社員に必要な教育を行わないまま、到底対応できないレベルの業績目標を課し、達成できなかったことに対し、厳しく叱責する。業務とは関係のない私用な雑用の処理を強制的に行わせる。
⑤過小な要求	管理職である労働者を退職させるため、誰でも遂行可能な業務を行わせる。気に入らない労働者に対する嫌がらせのために仕事を与えない。
⑥個の侵害	労働者を職場外でも継続的に監視したり、私物の写真撮影をしたりする。労働者の機微な個人情報について、本人の了解を得ずに他の労働者に暴露する。

参照：厚生労働省「ハラスメントの類型と種類」

分自身の言動についても十分な注意が必要です。

例えば、女性社員に「髪型を変えたね」「今日の服かわいいね」と声をかけただけでも、相手が不快に感じたら、それはセクハラに当たります。「○○ちゃん」と呼ぶだけでも、セクハラとされる場合もあります。若い世代はハラスメントに対して高い意識を持っていますが、50代には古い認識を変えることができていない人が多くいます。

パワハラ、セクハラに限らず、アルハラ（アルコールハラスメント＝飲酒を強要する）、モラハラ（モラルハラスメント＝精神的な苦痛を与える）、マタハラ（マタニティハラスメント＝妊娠した女性に対する嫌がらせ）、パタハラ（パタニティハラスメント＝育児のために休暇や時短勤務を希望する男性に対する嫌がらせ）、ジェンハラ（ジェンダーハラスメント＝男らしさ・女らしさを強要する）など、新しいハラスメントもどんどん増えています。

ハラスメントは、深刻な社会問題になっているため、キャリアにおける致命的なリスクになり得ます。部下やメンバーを守ることはもちろんですが、ハラスメントに該当する行為をしていないか、職場における自身の言動について改めて振り返ってみてください。

管理職として優れている人の8つの行動

マネジメント力は、豊富な経験や知識がある人ほど高いパフォーマンスを発揮しやすい、50代の強みとなるスキルです。部長や課長などの役割をしっかりと果たすことができれば、転職や独立・起業をする場合の武器にもなります。

マネージャーについて、米国のGoogleが興味深い実験を行っています。従業員にとってマネージャーとは重要な存在なのか。Googleではそれを否定するために、2002年にマネージャーのいないフラットな組織に変えたそうです。

ところが、この実験は失敗に終わりました。従業員は、基本的な質問やニーズへの回答、キャリアアドバイスなどの重要な部分の指導をマネージャーに求めていたことがわかったのです。Googleは、2ヶ月後にマネージャーを元に戻しました。

Googleの研究チームは、それでもなおマネージャーが従業員にとって重要な存在ではないことを証明するために、6年後の2008年に再び同じ実験を行いました。マネージャーとは、せいぜい必要悪。最悪の場合、官僚的な層になることを証明しようとしたのです。

結果は、やはり同じでした。

出た答えは「マネージャーは必要である」。Googleはデータに基づいて「優れたマネージャーを持つチームのほうが幸せで生産性が高い」ことを結論としました。

次に調査したのは、「どのようにしたら偉大なマネージャーが育つか」。研究チームは、毎年の従業員アンケート、業績評価、Great Managers Awardsのノミネートなど、社内データを分析した結果、組織内の管理職として優れている人に共通する8つの特徴を見つけ出しました。

◎組織内の管理職として優れている人を特徴づける共通の8つの行動

1　よき指導者である
2　チームに権限を委譲し、細かいところまで管理しない
3　チームメンバーの成功と個々人の幸せに関心を示す
4　生産的であり、結果重視である
5　コミュニケーションをとる能力が高い
6　チームメンバーのキャリアの開発を手助けする
7　チームに対して明確なビジョンを持っている
8　チームに助言を与える重要な技術スキルを持つ

（「Google：マネージャはやはり重要な存在である」）

研究チームは、Googleにおいてリーダーを優れたマネージャーにする方法が、そのまま他の企業に通用するとは考えていないそうですが、この8つの特徴は、僕はかなり

普遍的な考え方なのではないかと思っています。

メンバーに関心を持ち、一定のコミュニケーションをとり、キャリア開発の手助けをする。助言を与えるスキルは持っていても、細かいところまでは管理せず、任せるところは任せる。明確なビジョンを示し、結果を重視する。**どれも非常に重要なこと**です。

非ピラミッド型のフラットな組織のほうがいいのではないかと考えている経営者の方もいらっしゃいますが、必ずしもフラットな組織がいいとは限りません。

「やっぱりマネージャーは大事なんだよね」ということをGoogleは実験で証明しています。自身のマネジメント力を棚卸しする際は、こうした指標も参考にしてみてください。

マネジメント力は普遍的な力です。どんな企業においても、タスクマネジメント、ヒューマンマネジメント、リーダーシップ、リスクマネジメントは求められます。

このスキルを見直し、向上させることによって、自社で必要とされる人材になるのはもちろん、どこに行っても通用する力を身につけることができます。より良い職場に転職することも、起業することも可能になり、50代以降の人生の選択肢が大きく広がります。

知識やスキルをまとめてみる

もうひとつ棚卸ししておきたいのは、あなたの業種・職種ならではの知識やスキルです。自分が学んできたことを体系化してマニュアルをつくったり、資料をまとめて虎の巻を作成することで、知識やスキルを継承できます。

自身のキャリアを整理し、課題を発見することによって、リストラ対策、転職、起業・独立にも活かすことができます。

僕は前職を辞める際、学んできたことを振り返って引継ぎ書をつくり、独立後にさらにそれを発展させて「人事の学校」という人事担当者の養成講座を開講しました。

この講座では、全12回のカリキュラムを組み、人事制度のつくり方や採用のやり方、キャリアプランの考え方など、人事担当者にとって必要な基礎をお伝えしています。

人事という領域には、人員計画・採用・配置・任免・等級・職位・評価・給与・規定・労務・教育など多岐にわたる分野があり、それぞれが密接に関連しています。

ところが、ある調査では**「人事担当者を育成する仕組みはあるか」**という問いに対し

人事の学校　基礎講座

1　人事の全体像と人事部門の役割
2　人事ポリシーの構築
3　採用計画と選考
4　人材フローマネジメントの基礎知識
5　経営の基幹となる人事制度の全体像
6　キャリアステップを示す等級制度と職位制度の構築
7　社員の成長を促進する評価制度の構築と運用
8　評価を適正に反映する給与制度の構築
9　労働法規と人事関連規定
10　労務管理の基礎知識
11　教育体系の構築
12　階層別人材育成と人事のキャリアデザイン

て、「ある」「どちらかというとある」と答えた企業の割合は、わずか16・4％。8割以上の企業では「人事担当者の育成の仕組みはない」という状況だったのです。

そんな状況に危機感を覚え、2009年に「人事の学校」を始めたところ、商社、流通、IT、電子機器、住宅、アパレル、マスコミ、エンターテインメントなど、さまざまなジャンルの経営者や人事担当者が企業人事や人事制度の基礎を学びに来てくれるようになりました。その数は、約13年間で延べ4000人以上になりました。

あなたの業種や職種でも、実は育成の仕組みやマニュアルがなかったりしませんか？人材育成は、50代における重要な任務です。

一人前の寿司職人になるには、「飯炊き3年、握り8年」と言われています。親方に弟子入りし、皿洗いから下積みを重ね、一人前になるまで10年以上かかる世界です。ところが、３ヶ月で寿司職人を育てるというカリキュラムが登場し、その卒業生が店を開いてすぐに、有名なミシュランガイドに掲載されるというニュースが話題になりました。

自分が20年、30年かけて身につけてきた知識やスキルをマニュアル化することによって、後輩はもっと早く成長できるかもしれません。**人材育成は、会社に対する多大な貢献になります。そのニーズによっては、転職や独立・起業にも活かせます。**

右ページの「人事の学校」のカリキュラムも参考にしていただき、これまで学んできたことを振り返ってカテゴリーごとに体系化してみてください。

得意なことと苦手なことを明確にする

キャリアの棚卸しをする際に、もうひとつ大事なポイントは、自分の得意なこと・苦手なことを明確にすることです。

企業の昇格試験で合格する人を見ていると、得意なことを伸ばし、苦手なことは極力マイナスにならないように気をつけ、他の人にカバーしてもらったりしています。

99ページで示したマネジメントの図でいうと、縦軸（タスクマネジメント）と横軸（ヒューマンマネジメント）のどちらかが苦手であっても、マイナスにならないように気をつけてさえいれば、プラスの面積を広げ、一定の影響力を発揮できます。

ところが、**縦軸・横軸のどちらかがマイナスに振れてしまうと、「あの人、いい人なんだけど、仕事できないよね」や「あの人、仕事はできるけど、一緒に仕事したくないよね」という状態になり、「いらない人」候補**になってしまいます。苦手なことを自覚し、致命的なマイナスにならないように努力するのは非常に重要なことなのです。

僕の場合で言えば、段取りを組むことが苦手です。行き当たりばったりが好きで、電車の時間を調べるのすら面倒くさがるタイプです。行けば何とかなると思っています。計画を立てるのも好きではないのですが、それでは仕事にならないので、人事部長になった頃から「ちゃんと計画を立てないとダメだな」と考えるようになり、今でも得意とは言えませんが、嫌々ながらも計画的に仕事をするようにしています。

細かいチェックも苦手で、品質チェックが甘くなりがちです。これは致命傷になりかねないので、自分でも気をつけながら、メンバーにも協力してもらって、ダブルチェック、トリプルチェックの仕組みをつくり、致命的なミスが出ないようにしています。

ビジネスパーソンにとって、弱みを自覚し致命傷にならないように気をつけるのは重要なリスクマネジメントです。「もう50歳だし、今さら変えられない」と開き直ったりせず、ダメな点は変える努力をしましょう。それが大人になるということではないでしょうか。

第4章

50代の
コミュニケーション

若い世代とコミュニケーションはとれていますか？

「50代社員に関する意識調査」では、コミュニケーションに関する質問もしてみました。20〜40代には**「あなたの職場にいる身近な50代の社員と、コミュニケーションは円滑にとれていますか。」**、50代には**「あなたの職場にいる身近な20〜40代の社員と、コミュニケーションは円滑にとれていますか。」**と聞いてみました。

結果は少々意外なものでした。20〜40代の回答は、約8割が「とれている」。50代の回答は、約7割が「とれている」。若い世代のほうがコミュニケーションは円滑にとれていると感じていて、50代のほうが自信のない人が多いようです。

僕は、若い世代は50代とのコミュニケーションを拒絶しているのかと思っていたので、これは嬉しい結果でした。50代の皆さんはもっと自信を持っていいのではないでしょうか。

フリーアンサーでも「特にコミュニケーションに問題を感じたことはない」（20代・男性）、「年下や同世代よりも話しやすい」（30代・女性）、「気さくに話しかけてくれる」

あなたの職場にいる身近な50代の社員と、コミュニケーションは円滑にとれていますか。[単]

20代～40代

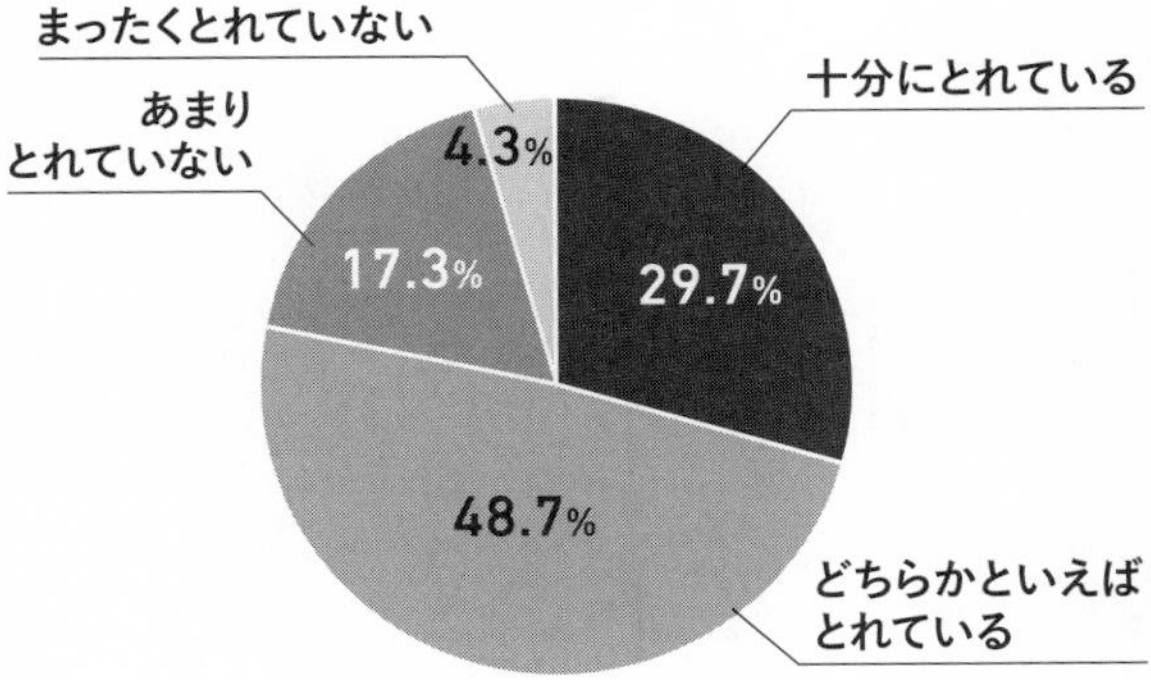

50代

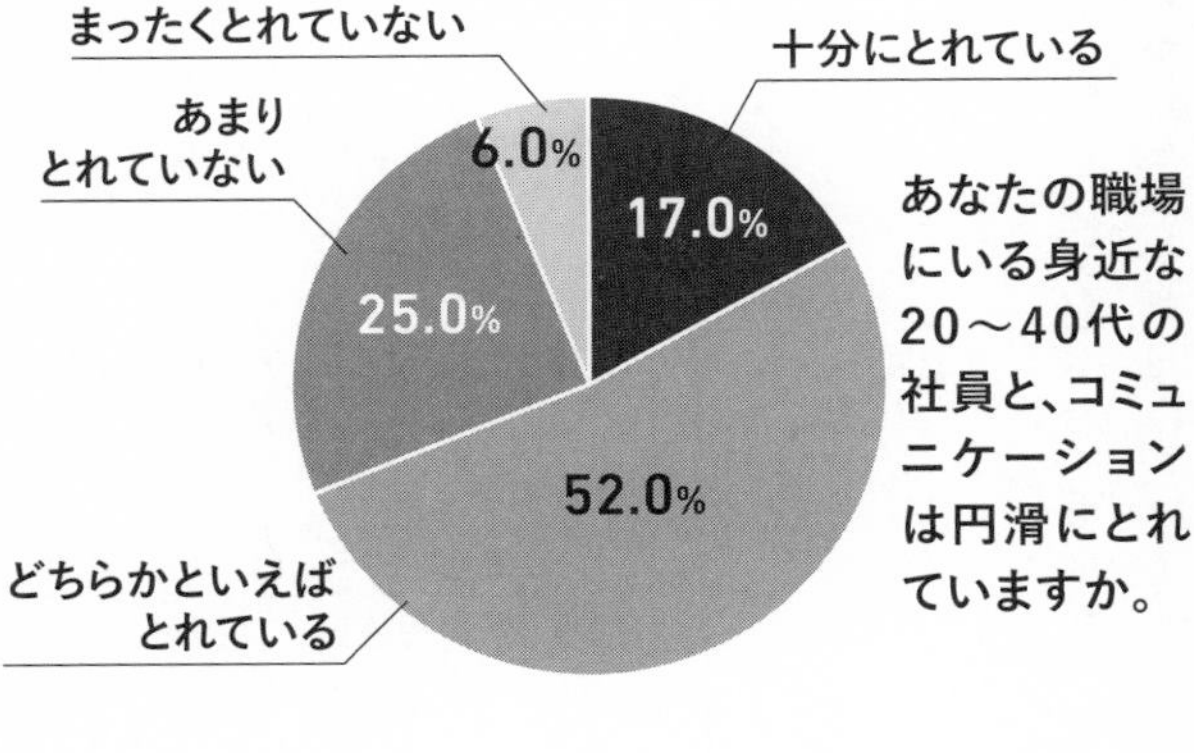

（30代・女性）、「いつも気さくにお話ができて、仕事や仕事以外にも相談ができるのがいいことです」（40代・男性）、「周りと積極的にコミュニケーションをとって、和やかな雰囲気づくりをしている」（40代・男性）といった声が多数ありました。

ただ、その一方で、「もっと話しかけてほしい」（20代・男性）、「かまってほしいアピールのような独り言が多く、それに関してはストレスを感じます」（20代・女性）、「仕事上では頼りになるが、コミュニケーションは取りにくい」（20代・女性）、「昔の話をする。面倒」（30代・女性）、「主張が強い」（30代・女性）、「コミュニケーションスキルが低いと思います」（40代・男性）、「経験が邪魔になって若い社員とのコミュニケーションがうまくとれない部分があるようには感じます。いわゆる世代間ギャップを感じることがあります」（40代・女性）といった声も少なくありませんでした。

そこで第4章では、若い世代と円滑にコミュニケーションをとるためのスキルアップの方法をお伝えしたいと思います。

左表は、僕らが管理職研修でよく使っている**コミュニケーションスキルのチェックリスト**です。これを使って、まずは自身のコミュニケーションのクセを把握しましょう。

コミュニケーションのクセを把握しましょう ケース1		毎回（1点）	よくある（2点）	たまに（4点）	ない（5点）
1	相手が話している最中、関係ないことを色々と考えてしまい、しっかり聞いていない				
2	話の内容よりも、話し相手の服装や身だしなみ、身振り手振りが気になる				
3	相手が話している時に、他のことに注意が向いてしまうことがある				
4	周囲に人がたくさんいたり、雑音が多かったりすると相手の話に集中できない				
5	人の話を聞くときはメモをとらない				
6	メモの内容が整理されておらず、後で役に立つことはほとんどない				
7	相手の話を途中で遮ることがある				
8	相手の言ったことを復唱し、相手に内容を確認することはない				
9	相手が話している最中は、相手の顔をあまり見ないようにしている				
10	相手が直前に話した内容を忘れることがある				
11	相手の話に対して、頷きや相槌等のリアクションが少ないことがある				
12	相手の話を途中まで聞くと、残りの内容は聞かなくても分かると思って注意が散漫になる				
13	相手の発言を遮ることが、相手に同意しないことを示すサインだと思っている				
14	相手の話の意味が分からなくても、改めてその意味を尋ねるようなことはしない				
15	相手が話している時、悪気なく話題を変えることがある				
16	相手が話をしなかったり、特定の話題を意図的に避けたりすることがあっても、あまり気にしない				
17	2分以上同じ場所、同じ姿勢でいることは難しい				
18	相手が話している最中に他の人に話しかけることがある				
集計					
合計					

表の設問に対して、「毎回」「よくある」「たまに」「ない」のいずれかにチェックを入れてみてください。それぞれ点数が違います。例えば設問1の「相手が話している最中、関係ないことを色々と考えてしまい、しっかり聞いていない」は、僕は「よくある」なので2点です。

設問2「話の内容よりも、話し相手の服装や身だしなみ、身振り手振りが気になる」は、僕の場合はそうでもないので「たまに」。これは4点です。

こうしてチェックした数字を集計すると、自分の「聞く力」が把握できます。

【コミュニケーションのクセを把握しましょう：ケース1】結果分析

□18〜35
あなたは、良い聞き手になれていません。良い聞き手になるには、かなりの自己改革が必要です。

□36〜54
あなたは、あまり良い聞き手ではありませんが、努力すれば、改善することができます。

□54～72
あなたは、かなり高い聞くスキルを持っています。さらに努力すれば、相手の立場に立った聞き手になれます。

□72～
あなたは、非常にすぐれた聞き手です。相手の立場に立った聞き取りができています。

続けて「ケース2」のチェックリストも同様にやってみてください。

	コミュニケーションのクセを把握しましょう ケース2	はい（2点）	どちらでもない（1点）	いいえ（0点）
1	人に何かを依頼するとき、必要以上に遠慮せず、ストレートに頼んでいる			
2	人から何かを依頼されたとき、自分がしたくないことであれば、必要以上に申し訳なく感じることなく、ストレートに断っている			
3	大勢の人の前でも、遠慮したり、緊張せずに話をしている			
4	会議の場で、自分の伝えたいことは、はっきりと伝えている			
5	会議の場で、大多数の意見が自分の意見と違ったとしても、遠慮することなく自分の意見を伝え、その理由を言っている			
6	先輩や上司など、自分より目上の人に対しても、自分の正直な意見を自信をもって伝えている			
7	他人の行動によって自分が迷惑を被ったとき、相手がどんな人でも、その事実をきちんと伝えている			
8	自分が失敗をしたときは、素直に失敗を認めている			
9	怒り、苛立ち、失望といった強い感情を抱いたときは、ためらわず相手に伝えている			
10	自分とは異なる意見を持つ人の話にも素直に耳を傾けることができ、そこから学ぶことも多い			
11	自分の要望は他の人の要望と同じくらい大切なものだと信じているし、その要望を叶える権利があると考えている			
12	初めてのことにチャレンジするとき、自分はきっとそれができるようになると、確信して挑んでいる			
13	パーティなどの集まりで、初対面の人と会話するのは楽しい			
集計				
合計				

【コミュニケーションのクセを把握しましょう：ケース２】結果分析

□20以上
あなたは、しっかりと自己主張しています。ただ、日本のビジネス社会では、「主張が強すぎる」と受け取られることも。言葉の選び方・伝え方に注意しましょう。

□14〜19
あなたは、かなり良い発信力があります。さらに努力して、もうワンランク上の自己主張スキルを身につけましょう。

□８〜13
あなたは、自己主張があまり得意ではなさそうです。ちょっとしたコツと努力で、これまで苦手意識を持っていた相手とも気持ちよく、自信を持って会話できるようになります。

□７以下
あなたは、自己主張がうまくできていません。適切な発信力を身に付けるには、かなりの自己改革が必要です。

コミュニケーションのクセを把握しましょう

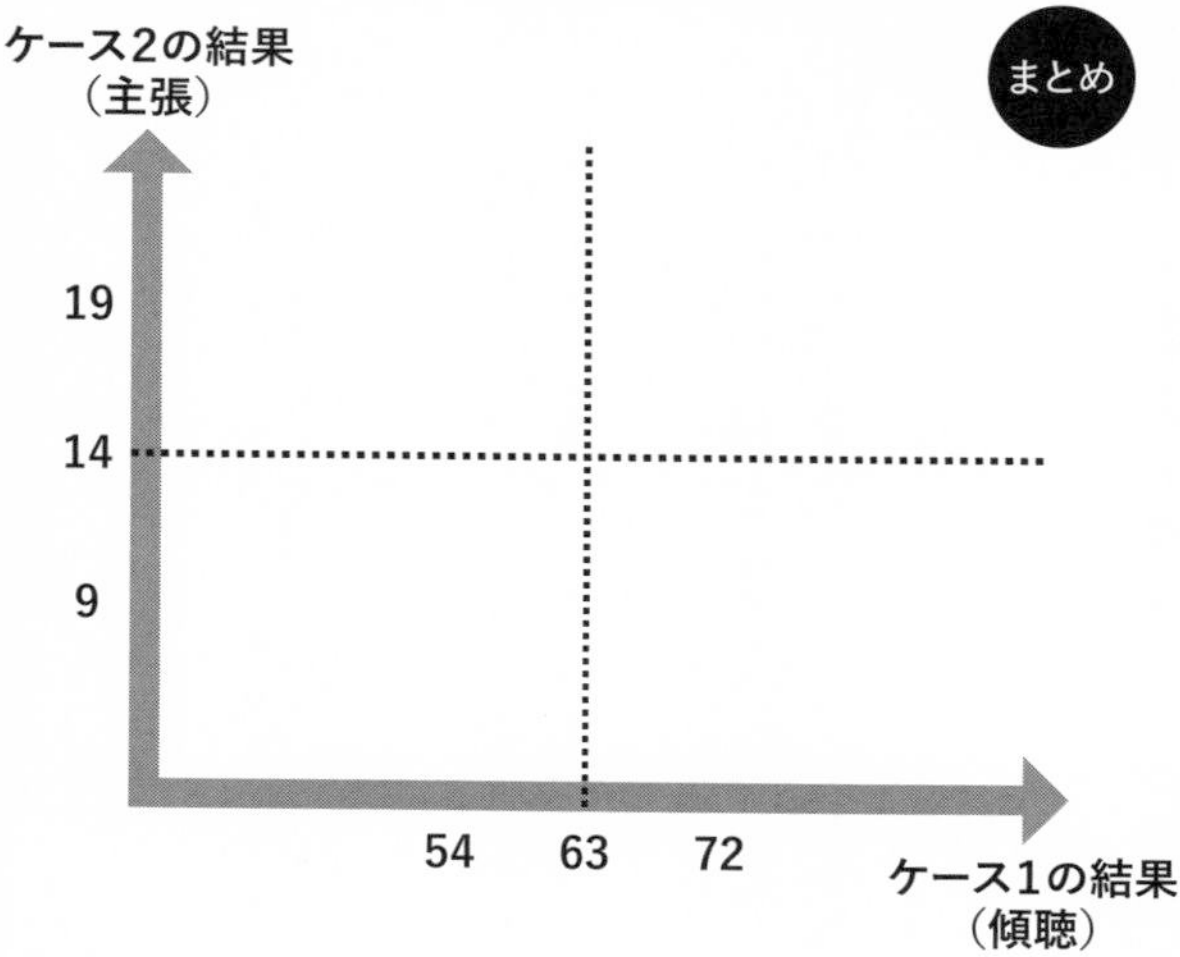

ケース2のチェックリストは、自分の「伝える力」が把握できます。

次にケース1と2の結果を、上図のようにマッピングしてみてください。横軸は「傾聴」、縦軸は「主張」です。この面積が広い人ほど、コミュニケーションスキルが高いと言えます。

自分のコミュニケーションの特性を把握しよう

コミュニケーションで必要なのは、聞く力＝「受信力」と話す力「発信力」です。

上図で横軸（傾聴）が高く、縦軸

（主張）が低い人は、話を聞くことは得意ですが、主張することは苦手なタイプ。

逆に縦軸が高く、横軸が低い人は、主張することは得意ですが、人の話を聞くことは苦手なタイプということになります。

コミュニケーションの特性によって、ビジネスパーソンは「バランス型」「受信型」「うるさ型」「妖精型」という4つのタイプに分けることができます。

バランス型

発信力も受信力も同じ程度高いタイプです。何かを頼むときに、必要以上に遠慮することなくストレートに頼める。自分がしたくないことであれば、必要以上に遠慮することなくノーと言って断る。大勢の人を前にしても、遠慮をしたり不安を感じることなく話すことができる。このような発信力が高い人は、ビジネスシーンにおいて高く評価されます。
ただし**発信するだけでなく、受信力もとても大切**です。「コミュニケーションのクセを把握しましょう：ケース1」が63点以上で、「ケース2」では14点以上の人が「バランス型」に該当すると言えるでしょう。

受信型

受信力が高く、発信力が少し低いタイプです。相手の話をよく聞き、理解を示し、信頼を得られる。自分より経験の少ない人や違う考えを持っている人の話でも最後まで聞き、理解しようと努める。自分の価値観を押しつけたり、話の途中で否定したりしない。

ヒューマンマネジメントで大切なのは、傾聴力＝聞く力です。50代の社員には、特にこうしたスキルが求められています。

「コミュニケーションのクセを把握しましょう：ケース1」が63点以上で、「ケース2」が14点未満の人が「受信型」に該当すると言えるでしょう。次の「うるさ型」よりは、よいと思います。デメリットとしては、「何を考えているかわかりづらい」「意見を言わない」などと思われることがあります。

うるさ型

発信力だけが高く、受信力が低いタイプです。自己主張はできるけれど、人の話を聞かない・聞けない。部下や後輩が話していると「お前なあ」と遮って最後まで聞かない。相手の話を理解しようとしない。自分の話しかしない。相手の話を受け入れようとしない。

若い世代に「うざい」と言われてしまうのは、このタイプです。相手の話を最後まで聞かないと、「この人に言ってもダメだ」「あの人は話を聞いてくれない」と若手から失望されてしまいます。まずは相手に「受け止めてもらえた」という安心感を与えることが重要です。

130ページの図で左上に偏っている人、発信力だけが高く、「ケース1」が54点以下の人は要注意です。**組織内で「あの人とは一緒に働きたくない」という声が高まると、リストラ候補になりやすくなります。**

自民党の岸田文雄さんは、「聞く力」をアピールして総理大臣になりましたよね。人の話を聞く力は一国の首相が特技として挙げるほど、社会人にとって重要なスキルなのです。

聞き上手になるための6つのポイントをまとめました。「コミュニケーションのクセを把握しましょう：ケース1」が54点以下の人は、ぜひ参考にしてみてください。

◎聞き上手になるための6つのポイント

①うなずき効果

話を聞くときは、相手の目を見る。うなずく。必要ならメモを取る

②先入観を持たない

先入観を排除して相手の話を聞く。客観的に話を聞き、情報収集をする

③最後まで聞く

相手の話を途中で遮らない。相手が伝えたいことを最後まで聞く

④共感する

「へえ〜」「なるほど」「そうなんだ」「わかる」など相槌を打ち、理解や同意を示す

⑤相手の言葉を繰り返す

「明日ですね」「5人ですね」など、重要だと思える言葉を繰り返す

⑥要約し、言い換える

「ということは、こういうことですね」と要約したり言い換えをして確認する

妖精型

発信力も受信力も低いタイプです。いるのかいないのかわからない「妖精型」の人は、コミュニケーションの総量が少ないです。**発信もしないし、受信もしないとなると、人が寄って来なくなるので大変危険**です。「うるさ型」以上にリストラの危険性が高くなります。

「コミュニケーションのクセを把握しましょう：ケース1」が35点以下、「ケース2」が7点以下の人は、自分の特性を理解してコミュニケーションの量を増やしましょう。

まずは右ページの6つのポイントを参考に、受信力を強化してください。発信力がそれほど高くなくても、人の話をしっかり聞ける人は好感を持たれ、信頼されやすくなります。

とはいえ、黙って話を聞いているだけでは、相手も理解されている実感がありません。質問のスキルを高める必要があります。質問はコミュニケーションの基本です。話の要所要所で相手の考えや思いを引き出す質問をすることによって、相手も話がしやすくなります。

質問のスキルには、「限定質問」「拡大質問」「関連質問」の3つがあります。これらを駆使して聞き上手を目指しましょう。

◎質問のスキル

①限定質問

相手が「はい」「いいえ」、あるいは短い単語で答えられる簡単な質問です。こちらの理解が正しいかどうか確認したいとき、特定の返答が欲しいとき、相手の口が重いときなどに有効です。

例1「あなたの判断で進めていかれる、ということでよろしいでしょうか？」
例2「どの商品が最も売れていますか？」
例3「どの部門からそういう要望が強いのでしょうか？」
例4「それはコミュニケーションがうまくいかないことに原因があるんですか？」

②拡大質問

相手が答えるために考える必要のある質問や、比較的に自由に答えられる質問です。相手の考えをまとめる手助けをする場合、相手の状況や気持ちについて新しい情報を知りたい場合、相手が気楽に話してくれるような状況において有効です。
例１「あなたはこの件についてどのようにお考えでしょうか？」
例２「とおっしゃいますと、どのようなことを懸念されていらっしゃるのですか？」
例３「特に重視されていらっしゃる問題はどのようなことですか？」
例４「そのことはどのような影響をもたらしているんですか？」

③関連質問

「仮に」や「第三者の意見」「事例」をまじえることで、その回答への責任・プレッシャーを相手に与えにくくし、気楽に答えやすくするものです。相手の考えを広げる手助けをする場合や、異なる視点を提供する場合、直接的な聞き方では相手の感情を害する場合、相手に連想させることで質問に答えやすくしたい場合などに有効です。
例１「私は○○の経験をしたことがありますが、そういう場合あなたはどうしますか？」
例２「○○さんは△△と言っていますが、あなたはどのように考えますか？」
例３「仮にこの問題が解決するとしたら、予算の確保はできるのでしょうか？」
例４「販売方法の改善が重要ということですが、それは経営も含めて全社的に認識されていることでしょうか?」

自分の表現力をチェックしよう

コミュニケーションスキルには、話し方・聞き方だけでなく、話す言葉、内容、発声、話すテンポ、表情、姿勢、歩き方など、さまざまなものが含まれます。

正しい内容を話していても、後ろ向きでネガティブな発言しかしていなかったり、偉そうな態度で話していたら、部下やメンバーのモチベーションは下がり、会社における自分自身の評価も低くなります。

左表は、僕らが評価者研修で使っている「表現力」のチェックリストです。**評価者に限らず、どれも50代にとっては大事なことばかり**です。こちらも参考にして、自身の表現力をチェックしてみてください。

自分の表現力をチェックしましょう

1	人の名前や固有名詞、数字などの情報は正確に伝えている	
2	正しい敬語を使うことができる	
3	論理的に話すこと／書くことができる	
4	ボキャブラリー（語彙）が豊富で、その場にふさわしい言葉を使うことができる	
5	前向きで、肯定的な話ができる	
6	発音は明確で、声もよく通るほうだ	
7	状況に応じて、声量を調整することができる	
8	テンポよく、メリハリのきいた話し方をしている	
9	相手の反応を確認する〝間《ま》〟を持つことができる	
10	中低音の穏やかなトーンで話している	
11	表情豊かに、笑顔で話をしている	
12	ときどき、自分の表情を鏡でチェックしている	
13	話をするときは、相手の目を見て話している	
14	話を聞くときは、相手の目を見て聞いている	
15	真剣な表情、熱意ある表情、明るい表情など、表情にメリハリをつけている	
16	人と話をするときは、姿勢に気をつけている	
17	きちんとした座り方をしている	
18	人と話をするとき、腕組み・足組みはしない	
19	歩くときの姿勢に気を配っている	
20	どんな場面でも、素早く、落ち着いて行動することができる	
21	初対面の人と話すときは、相手との距離感に気を配っている	
22	人と話をするときは、対面角度にも気を配っている	
23	会議や会合の場では、座る位置に気をつけている	
24	大勢の人の前で話をする際は、よく考えて自分の立つ位置を決めている	
25	交渉に臨む際は、場所やタイミングをよく考えて選んでいる	

年下上司とのコミュニケーションのとり方

50代になると「上司が年下」というケースが増えてきます。かつての部下やメンバーが上司になる場合もあります。50代の方々から「どのように年下上司と接したらいいのかわからない」という悩みをよく聞きます。

たしかに難しい問題ですが、意識や行動を少し変えるだけで良好な関係が築けるようになります。年下上司のコミュニケーションは、次の5つのポイントを参考にしてみてください。

①「役割」の違いだと考える

年齢や役職のことは忘れ、「役割」の違いだと考えましょう。「偉い」「偉くない」という観点で考えてしまうと、どうしても心の葛藤が生まれてしまいます。向こうは「学級委員」、こっちは「飼育係」。その程度の違いだと考えれば、それほど気にならないはずです。

物事を判断し、指示を出すのが年下上司の役割。そのサポートをするのが自分の役割。そう考えてみましょう。立場が上な分、相手のほうが責任は重いです。責任が重いことを背負ってくれているのですから、考えようによってはありがたい存在ではないでしょうか。

②必ずしも「敬語」で話さなくてもいい

ずっとタメ口だったけれど、上司になった以上は敬語に変えるべきなのか。年下上司とは、どのような口調で話せばいいのか。これも悩ましい問題ですよね。

相手との関係性にもよりますが、必ずしも「敬語」を使う必要はありません。一定の敬意を持って接しているなら、年下上司に対してタメ口もありでしょう。

ドラマ『踊る大捜査線』で、いかりや長介さんが演じていたベテラン刑事「和久さん」を覚えていますか。巡査長の和久さんは、相手が年下の課長や係長でもタメ口で話していましたよね。偉い役職にはついていなくても、プレイヤーとして尊敬され、いい立場を醸《かも》し出す。

「お前が決めたことだったら、俺はちゃんとやるよ」。これはカッコいいですねえ。

そんな風に言える、年下上司が頼れるパートナーになることを目指しましょう。

③発信と受信は「2：8」

僕はコミュニケーション研修で、管理職に対しては「発信3：受信7」ぐらいを心掛けるように教えています。上司と部下は「5：5」か「6：4」で上司のほうが喋っているものです。「3：7」を心掛けることで、部下の発言をもっと引き出せるようになります。

年下上司に対しては、年上部下が「2：8」を意識することによって年下上司が話しやすくなります。ゴマをすったり、取って代わろうとするのではなく、「何かあったら話を聞くよ」とか「困っていることがあったらサポートするよ」というスタンスでいたほうが良好な関係が築きやすくなります。

話を聞く「受信型」に徹して、何か意見を求められたら「過去にこういうことがあって、そのときはこうしたよ」と自分の意見を言うようにしたほうがいいでしょう。求められてもいないのに、先輩風を吹かせて、あれこれ口出しするのは望ましくありません。

年下上司がさらに偉くなったら次の椅子が回ってくる可能性もあるわけですから、「あのときはお世話になりました」と言われるようにサポート役に徹していきましょう。

④相手の立場を察する

50代の人たちが「年下上司は付き合いにくい」と感じているように、年下上司も「年上部下は扱いにくい」と感じています。

僕は若手の管理職から「年上部下は困ります」という相談をよくされます。彼ら・彼女らから見ると「50代は変わってくれない」というのが切実な悩みのようです。何か指摘をしても「もう俺には無理だよ」と言って動いてくれない。年上に指摘すること自体も心が引ける。指示もしづらいし、低い評価もしづらい。非常に扱いにくい、と。

部下であっても、僕らは年上です。年下上司の気持ちを察した言動が必要です。相手が指摘をしやすいように「至らないこととか、やりにくいことがあったら言ってね」と言ってあげる。指示をされたら、しっかり動く。そんな懐《ふところ》の深い50代を目指しましょう。

⑤一回サシで飲みに行く

相手も扱いにくいと思っているし、こっちもやりづらいと思っている。互いにそう思っていても何も良いことはないので、年下上司とは一回、腹を割って話すべきです。

相手次第ではありますが、「やりにくいだろうから、ちょっと一回、じっくり話そうよ」と誘って2人で飲みに行きましょう。腹を割るには、やはり「サシ飲み」がいちばんです。

若い世代には「古い」とか「昭和」と思われるでしょうが、一対一で飲むことで人間関係が良くなることは実際に多くあります。皆さんもそうですよね。

話すだけならランチでもオンラインでもいいのですが、それでは腹を割った話にはなりにくいです。年下上司が嫌がらなければ、飲みに誘ってみましょう。ただし相手が異性の場合は、セクハラに注意しなくてはいけません。ホテルのラウンジやバー、個室居酒屋などは絶対に避けて、対面で話せるワイワイした居酒屋がいいでしょう。

飲みニケーションが嫌われる時代であることは十分認識しておかなくてはいけませんが、年下上司にはあえて言いましょう。一回、本音で話し合う機会を設けませんか、と。

若手に「うざい」と言われないために

年下上司に限らず、若手全般から「うざい」と言われないためにはどうしたらいいのか。これも50代にとっては切実な問題です。

「50代社員に関する意識調査」では、50代社員にも**「あなたの職場にいる身近な20〜40代の社員に対して、普段感じていることを自由にお答えください。」**と聞いてみました。

「意欲的で好きですよ」（50代・男性）、「コミュニケーション能力が高い」（50代・男性）、「仕事も人間関係も器用にこなす人が多い」（50代・男性）、「まじめで礼儀正しい好人物が多い」（50代・男性）、「自分の知らない知識を持っている人もいるので、そういう点は吸収したい」（50代・男性）、「自由に仕事をさせると、気がつかない発想が得られる」（50代・男性）、「大変なことも多いだろうと思われるが、その分を記憶力の良さや柔軟さで補って余りあるものがあるので、頼りにしている」（50代・女性）、「きちんと指導すれば呼応するように成長していく」（50代・女性）など、ポジティブな意見が多く寄せられましたが、一方でネガティブな意見や不満の声も少なくありませんでした。

「あらゆることを相談せずにどんどん進めてしまうところが危うい」（50代・男性）、「スキルが足りない」（50代・男性）、「素直だが自己主張が少ない」（50代・男性）、「仕事を覚えた頃に辞める」（50代・男性）、「危機管理能力の差が結構ある」（50代・男性）、

「安定志向派が多い」（50代・男性）、「ガツガツ働くことをかっこ悪いと思っていそう」（50代・男性）、「もっとチャレンジしてほしい」（50代・男性）、「挨拶をしない」（50代・男性）、「物事を短絡的に捉えすぎ」（50代・男性）、「俯瞰的見方が劣る」（50代・男性）、「現状に満足して向上心が感じられない」（50代・男性）、「常識に欠けている人が多い」（50代・女性）、「責任感が薄い」（50代・女性）。

50代の人たちも、若い世代に伝えたいことや不満、物足りない点が多くあるようです。また「ハラスメントになる可能性が気になって、なかなか声をかけづらい」（50代・男性）という声もありました。下手に話しかけると「うざい」「面倒」「パワハラ」などと思われそうで、若手に話しかけることができない人も多いのではないでしょうか。

若い世代のビジネスパーソンに直接意見を聞いてみると、次の一言に集約されました。

「受信型になる。話を聞いてあげる。これに尽きる」

求めてもいない説教をしない。余計なお節介を焼かない。そういうコミュニケーションであれば、特に「うざい」とは思わない、ということです。

若い世代も、年上の助言をすべて拒否しているわけではありません。米国のコンサルティング会社、ゼンガー・フォークマン社が2014年に実施した研究では、1000人近い回答者からフィードバックに関するデータを集めました。その結果、「修正的フィードバック」のほうが自らのパフォーマンス向上に効果があると考える人が、「肯定的フィードバック」のほうが効果的だと答えた人よりも3倍多かったといいます。多くの人が、実は修正的フィードバックを望んでいるのです。

若い世代も「○○を教えてほしい」「先輩に指導してほしい」という気持ちは持っています。それが愛のある説教や必要なお節介であれば、「あっ、この人は自分のために言ってくれたんだ」と伝わるので、素直に受け入れてくれるはずです。

ただし、説教をしながら自分の話に酔ってしまったり、単に昔話や自慢話をするだけでは、やはり「うざい」と拒絶されます。

「余計なお節介かもしれないけどさ、ちょっと聞いてもらっていいかな」

このように「余計なお節介かもしれないけど」といったクッションとなる接頭語をつけるだけでも、相手に与える印象はだいぶ変わります。頭ごなしに説教するのではなく、相手のことを思っての発言であることを忘れないように示しましょう。

僕もゴルフでマナー違反をしてしまったときに、70代の方などから「君は将来がある身だから言うけどさ」とお叱りを受けることがあります。一瞬むかっとすることもありますが、「やっぱり、ありがたいな」と思って聞いています。

20〜40代に「あなたの職場にいる身近な50代の社員に、期待する能力はどのような点ですか。」と聞いたアンケート（43ページの図参照）でも「豊富な経験に基づく、的確な判断能力と危機管理能力」（48・0％）と「長年の経験によって身に着けた、専門性の高い知識や高度なスキル」（45・0％）の2つは、非常に高い結果となっていました。

こうした知識やスキルの話であれば、積極的に発信してもいいのではないでしょうか。

とはいえ「うざい」と言われるぐらいの存在感は欲しい

「50代社員に関する意識調査」では、50代社員から20〜40代社員に対して、次のような意見もありました。

「一言相談してくれれば、すぐに解決するような事柄も自分で抱え、若手同士で結論の出ない検討を続ける。双方ともに解決するだけの知識や経験がないので、いくら話をしても答えが出ないのは目に見えているのに」（50代・男性）、「無駄なプレゼンのために拘束され緊急かつ重要な業務に時間が取れない」（50代・男性）、「自己研鑽が足りない。会社主催での研修しか行わず、自主的な学習をしていない。安易に回答を求める傾向が強い」（50代・男性）、「頑張っているが、なかなか成果に結びつかない」（50代・男性）。

若い世代の働き方にもどかしさを感じ、助言をしてあげたい50代の方も多いでしょう。若手に「うざい」と言われたくないから、発信もしなければ、受信もしない。そんな「妖精さん」になってしまったら、会社に存在している意味がありません。

我々には**長く生きてきた人間の責任として、若い世代に言うべきことは言う役割**があります。多少「うざい」と言われても、伝えるべきことは伝えましょう。

「余計なお節介かもしれないけど、こういうときはこうしたほうがいいんじゃないかな？」

命令や決めつけではなく、「Would you like to（こうしたほうがいいんじゃないだろうか？）」と問いかけ、決めるのは本人次第。そんなスタンスであれば、「余計なお節介」

や「求めていない説教」にはならないはずです。

昔と今では常識が変わっていますから、たしかに若い世代との距離感や伝え方は難しいです。周囲に話を聞いたり、情報収集をして「今って昔とは違っているよね」ということはちゃんと認識し、適切に判断する必要はあります。

僕らが小さい頃は、外で遊んでいると、知らないおじちゃんやおばちゃんに注意されたりしていましたよね。最近はそういうことが少なくなりましたが、若手とのコミュニケーションは、あれぐらいの距離感でいいのではないでしょうか。「絶対」ではないけれど、「こうしたほうがいいんじゃないかな」と伝える。そういう一言が意外と心に響いたりするものです。

会社にいる以上は、やはり一定の存在感は欲しいです。下手に空気を読むよりは、空気を読みすぎなくてもいいのが50代の特権だと考え、言うべきときは言う。自分のこれまでの経験値で伝えるべきだと思ったことは、躊躇せずに伝えていきましょう。

話が長いのはNG、50代は60秒で伝えよ

若手にアドバイスするときの大事なポイントは、短く伝えることです。話が長いのは、若い世代とのコミュニケーションにおいては絶対にNGです。だらだら長く話すのは、ビジネスコミュニケーションで最もダメな行為のひとつですが、若手は特にアレルギーが強いです。話がちょっとでも長くなると「あの人、話が長いよね」「コミュニケーションスキルが低いよね」となり、聞いてすらもらえなくなります。

できれば60秒、長くても90秒です。

人間が集中力を持続して話を聞いていられる時間は、70秒程度と言われています。それ以上の時間をかけると長く感じ、それ以下だと物足りなく感じるのです。60秒、90秒というと短く感じるかもしれませんが、就活における自己PRも60秒や90秒が推奨されています。ニュース番組のストレートニュースも、ほとんどが60秒か90秒の長さにまとめられているといいます。物事を伝えるには、実は十分な時間なのです。

人生経験が長いと、話したいことがたくさん出てきます。昔の話なんて始めたら、それこそいつまでも喋れてしまいますが、話が長いのは最も嫌われます。相手が飽きているることにも気づかず、くどくどと話すのは最悪と言ってもいいでしょう。

短く話すのは、長く話すよりスキルが必要です。僕も1時間のプレゼンと2時間のプレゼンだったら、2時間のプレゼンのほうが断然ラクです。短くするためには、不要なものを削ぎ落として、簡潔にまとめなくてはいけません。

しかし、20年、30年と働いてきた50代の皆さんなら、すでにそのスキルは備わっているはずです。若い世代へのアドバイスは60秒で話しましょう。

「あの人、話長いんだよねえ」と言われるのが最も「イケてない」のです。

第5章

転職しても困らない年収を維持・向上させる力

「コンピテンシー」が自社でも転職しても年収を維持・向上させる

50代における重要なポイントは、給与とパフォーマンスを一致させること。そのために必要なのは、企業の「評価基準」を知ることです。

どのような業界や職種であっても、人事制度の根幹は基本的に同じ形をしています。新人、チーフ、課長、部長など、職位や年収に応じて会社が社員に求めていることは、ほぼ一緒。明確に「見える化」されていなくても、どんな企業にも共通する普遍的な評価基準があります。**これらを理解し実行すれば、「パフォーマンスより年収が高い人」にはなりません。**

左表は、「キャリアステップを5つの等級で示したモデル」における1等級レベルと呼ばれる、新人クラスの評価基準です。規則を守る、マナー意識があるなど、社会人の基本ができている。協調性や、他者の気持ちをわかる共感力があり、チームワークを実践できる。成長意欲や学習意欲もある。こうした基準を満たしていることが、年収300万くらいの人には求められます。

階層別コンピテンシー（5等級モデル）

■1等級レベル

状況把握・自己客観視	自身と周囲の人々や物事との関係性およびその環境を的確に理解し、適切で必要な言動をとる。（空気を読む）
チームワーク	チームメンバーと協調し、他者に積極的に協力する。チームの方針に沿った行動を行い、また自分が得た情報を適切にチームと共有する。
共感力	他者の気持ちを気にかけている。相談を持ちかけられたら親身に乗り、相手の気持ちに共感を示す。違う立場や意見を持つ人を受容する。
伝達力	自分が伝えたいことを、要点をまとめて、わかりやすく伝える。口頭でも文書でも、相手を混乱させずに、しっかりと簡潔に伝える。
カスタマー	顧客のニーズを理解し、常に顧客満足を得られるものを提供しようとする。フォローを適切に行い、満足度を向上させる。
成長意欲・学習意欲	キャリア上の目標を持ち、そこに向かって自らの能力を伸ばそうとする。好奇心を持って能動的に学ぶ。継続的な勉強を怠らない。他者からのアドバイスを常に求める。成長意欲がある。
誠実な対応	誠実であり、信頼される。模範的な行動をとる。うそやごまかしがなく、謙虚である。感謝し、お礼を伝え、間違いがあれば素直に反省し、謝る。
ルール遵守	ルール、約束、期限を守る。決まりごとを認識し、決められたことを着実に行い、他者にもそれを求める。引き受けた仕事は最後までやり抜く。
マナー意識	清潔な身だしなみ、安心感を与える立ち居振る舞い、きちんとした言葉遣いなど、初対面の相手にも好感を得られるマナーを身に着けている。
継続力	困難があったときでも、負けずに仕事に取り組み続ける。単調なことでもコツコツと努力を継続する。

50代の皆さんなら実践できていることばかりだと思いますが、自分を客観的に見る「状況把握・自己客観視」だけは気をつけてください。これが実は難しいのです。50代でも僕を含めてできていないかもしれず、多くの場合、これがトラブルの元になります。そして短く話す「伝達力」ができていない人もいます。これらはビジネスの基本ですから、気をつけなくてはいけません。

人事領域では、こうしたビジネスにおける欠かせない行動を「コンピテンシー」と言います。自分の階層におけるコンピテンシーを実践できれば、自社でも転職しても年収を維持・向上させることができます。第5章では、このコンピテンシーについて解説します。

年収400万を維持するコンピテンシー

左表は、2等級レベルと呼ばれるチーフクラスのコンピテンシーです。求められるスキルは、周囲を巻き込み、3~5人程度の少人数のチームを取りまとめる力です。目標を達成できる。情報を客観的に収集できる。より良い方法、無駄のない方法を考

階層別コンピテンシー(5等級モデル)

■2等級レベル

創造的態度(意欲)	創造的能力を発揮しうる源泉となる意欲や態度特性をもっている。広く興味を持ち好奇心を持って物事をとらえる。他者が出した発想やアイデア・新しい取り組みに対して、前向きに、積極的に受け入れ、発展させようとする。
目標達成	組織やプロジェクトの目標を達成する。達成にこだわり、あきらめず、最後の最後まで可能性を追求しあらゆる手段を尽くす。何事も実行を重視し、投げ出したりせず、目標を追い続ける。目標達成にこだわるエネルギーを絶やさない。
情報収集	必要な情報を多方面から入手する。いろいろな人や多くの情報ソースからの情報を集め、まとめ、客観的に事実をとらえる。
改善	目標と現状の差異を確認し、問題を把握し、よりよい方法を常に工夫する。無駄を排除し、より効率的な仕事の進め方を考え実行する。
企画提案力	よりよくするための提案をする。その際に相手にわかりやすい企画にまとめる。プレゼンソフト、表計算ソフトにより、関係性を示す図解表現、わかりやすいグラフなどを織り込んだ企画書・提案書を作成し、説明する。
クオリティ	仕事の品質にこだわり、チェックを怠らない。品質向上を常に意識し、ミスが起こらない仕組みを作る。
動機づけ	チームの目標達成のために、周囲に仕事の目的や意味を伝え、理解させ、熱意をもって動機づけする。チームの活性化を促進する。モチベーションの下がっているメンバーを適宜フォローする。
主体的な行動	自分で考え率先して行動し、チームの動きを作る。チャンスがあればためらわずにやってみる。
タフさ	仕事を続けるエネルギーがある。必要なら熱心に長時間持続的に働く。進んで仕事を引き受ける。厳しい状況でもへこたれない。
ストレスコントロール	発表、プレゼンテーションなど、ストレスがかかる場面においても、冷静かつ適切な行動を取る。また、クレームや批判についてもパニックにならず適切に対応する。

え、実行できる。短く伝えるだけでなく、相手にわかりやすく効果的に伝えられる。品質に信頼がおける。周りをやる気にさせる。自分で考え、自ら動ける。エネルギーがあり、ストレスコントロールができる。これらが実行できれば、年収400万ぐらいになります。

たとえ優秀なプレイヤーであっても、与えられた仕事を自己完遂できるだけでは、年収は350～400万ぐらいが上限です。それ以上の年収を得ようと思うなら、企画を提案できるプレゼンテーション能力、周囲に働きかけ、やる気にさせる力、自分1人だけでなく、メンバーを率いて組織PDCAを回せるマネジメント力が必要となってきます。

年収600万を維持するコンピテンシー

左表は、3等級レベルと言われる、いわゆる課長クラスのコンピテンシーです。求められるレベルは、5～10名単位のチームを率いて、組織の結果を出せるマネジメント力です。

階層別コンピテンシー（5等級モデル）

■ 3等級レベル

理念浸透	会社の理念に共感しており、理念に基づいた言動を行う。その仕事が理念に則っているかを判断し、理念行動を促す。理念の実現に向けて、どんなときも理念に沿った言動をとる。
創造的能力	未体験の問題解決に適した新たなアイデア（モノ、方法、しくみ、発明など）を生み出し、企業活動に価値あるものとして具現化する力がある。
目標設定	達成基準が明確な目標を設定する。目標を正しく理解させるために周囲に働きかけ、組織目標を個人目標にブレイクダウンし、個々の目標設定を促す。
計画立案	無理なく目標達成することができる、考え抜かれた現実的な計画を立案する。
進捗管理	組織やプロジェクトの目標達成に向け、計画の進捗管理を行う。計画に設けられたベンチマーク時点での達成状況を確認する。実行の優先順位をはっきりさせる。進捗に問題があるときは、計画修正を行い、達成に向けて管理する。
計数管理	計数に明るくプロフィット＆ロス（PL）やバランスシート（BS）に関する知識を有する。財務的視点、計数的視点から物事を捉え分析する。自社、自部署の収益構造を理解しており、業績をあげるための適切な施策を実行する。
人材育成	メンバーそれぞれの能力向上を働きかける。個別の目標・課題設定を促し、評価し、よい点・改善点のフィードバックを行い、気づきを与え、成長させる。
問題分析	問題を客観的・構造的かつ網羅的にとらえる。必要に応じて適切な分析ツールを用いながら、問題の本質を見抜く。
プレゼンテーション	わかりやすく、はっきりと、要点を効果的に伝える。相手の人数にかかわらず、プレゼンテーションツールや技法を用いて、聞き手の理解と共感を得ながら、伝えるべきことをすべて伝える。
プロフィット	売上・原価・経費に関しての関心を持ち、常に現在どのような状況にあるのかを把握している。利益向上のための取り組みを常に仕掛けて、実績を出す。
スペシャリティ	業務に必要な専門知識や技術を有し、実際の業務においてそれを活かす。自らの専門性を常にブラッシュアップし、かつ専門外の人にわかりやすく伝える。他の専門性との連携も適切に行う。
柔軟な対応	環境変化、相手の要望の変化に適切にかつ前向きに対応する。臨機応変に立ち回る。

目標設定、計画立案、進捗管理は、第3章でお伝えしたタスクマネジメント、組織のPDCAを回せる力です。個人のPDCAを回せる力は、さほど価値は高くなく、できて当たり前。組織を率いて目標設定、計画立案、進捗管理ができることが重視されます。

人材育成は、ヒューマンマネジメントにおいて最も重要なポイントです。これらのコンピテンシーがちゃんとできれば、年収600万くらいになります。

50代はこの3等級から次の4等級の人が多いのですが、**実は課長であってもこれらのコンピテンシーを満たしていない人が少なくありません。**それはすなわち、黒字リストラの候補になりやすい「パフォーマンスより年収が高い人」ということになります。

また、過去を見る「後払い型」給与から、今を見る「時価払い型」に変わった場合、あるいは、転職した際に、年収が大幅に下がる危険性があります。

リストラを回避し、現在の年収を維持・向上させるためには、どうしたらいいのか。

ここからは、特に重要なコンピテンシーについて詳しく見ていきましょう。

①「計数管理」は、どんな会社に行っても通用する

「計数管理」とは、会社に関するＢ／Ｓ（バランスシート＝貸借対照表）やＰ／Ｌ（プロフィット&ロス＝損益計算書）などの知識を有し、財務的視点・計数的視点から物事を捉え、分析することです。Ｐ／Ｌは、特に必須となります。

ビジネスをする以上、お金と無縁ではいられません。チームのタスクマネジメントをするためには、ある程度の数値管理ができることが絶対の条件となります。

管理職でなくても、目標設定は的確なのか、プロジェクトの予算は適切なのか、チームが目標を達成するための計画は大丈夫なのか、余計にお金を使いすぎていないか、売上と利益は確保できるか、原価や粗利は大丈夫か、といった視点が必要になってきます。

計数管理がしっかりできる人は、自社ではもちろん、会社を移っても年収６００万を維持できます。なぜなら、会社が変わっても、やることは一緒だからです。

②「問題分析」は、50代の武器になる

「問題分析」とは、情報収集したものを的確かつロジカルに分析できることです。これも重要なスキルで、50代は特に物事を俯瞰する力が大事になります。

僕らは長いこと働いてきたのですから、「木を見て森を見ず」にならないように「森」を見なくてはいけない立場です。森を見るにはどうしたらいいのか、というのが分析ツールを使ったロジカルシンキングです。ＳＷＯＴや３Ｃ、５フォースなど、さまざまなフレームを使ってロジカルに物事を捉え、何が重要で、何が重要じゃないのかを俯瞰して見極める。年収６００万を維持しようと思ったら、こうした**問題分析のスキルも不可欠**です。

「問題の本質って何だっけ？」「そもそもの目的って？」と、物事を網羅的に見られる力はとても重要です。それをフレームに当てはめて考えられるスキルも持っておくべきです。

上司が年下の場合、突破力はあっても、俯瞰力は弱いかもしれません。物事の全体を見る力は、長く働いてきた50代のほうが持っている可能性が高いです。

「なんとなく俺の勘がそう言っているんだ」と言うだけでは話を聞いてもらえませんが、「ＳＷＯＴや３Ｃ、５フォースで分析した結果、こうなんだ」とロジカルに説明すれば、年下上司も耳を傾けてくれます。長年の経験で「これはおかしいな」と勘が働いたとしても、仮説を立て、それを検証し、構造化・体系化した意見を伝えなくてはいけません。

プレゼンテーションでも、分析した結果をしっかり伝えることが重要です。ここが甘い人が多いので、ロジカルシンキングを身につければ、50代ならではの武器になります。

③「スペシャリティ」は、希少価値が高ければ、市場価値を高める

「スペシャリティ」とは、他者より特定分野において長けている専門性のことです。一定の領域で何かの専門性を持っている人は強いです。希少性の高い専門的な知識やスキルを持っていれば、ビジネスパーソンとしての市場価値は何倍にも膨らみます。

社内的に希少価値の高い専門性を有している、他社には同等の専門性を有している人材がいるが自社では極めて貴重など、希少価値の高い専門性があれば、組織内での影響力が大きくなります。

その専門分野において、外部で講演を行ったり、論文を発表したり、著作を出版している。こうした状態にまでなれば、転職でも有利になり、独立・起業の道も開けてきます。社会的に極めて希少価値が高い専門性を有し、同様の人物が他にいない、ある分野

の第一人者として認知されると、「先生」と呼ばれる存在になり、市場価値はさらに高まり、分野によっては何倍もの収入を得ることが可能になります。

自身の専門性は、非常に重要です。しっかり棚卸しをして、磨いていきましょう。

④年収600万レベルのマネジメントスキルがあれば転職できる

課長クラスのコンピテンシー＝年収600万レベルのマネジメントスキルを持っていれば、転職も可能です。会社の規模や経験してきたマネジメント範囲によっては年収が下がる場合もありますが、500〜600万は維持できるはずです。

タスクマネジメントの目標設定、計画立案、進捗管理、ヒューマンマネジメントの人材育成、この両軸について棚卸しをして、自身のやり方を体系化し、「私はこういう風にやっています」という方法論が示せたら、マネージャーとして転職することができます。マネージャーとして転職できれば、年収600万ぐらいにはなります。

目標設定を行い、内外に示し、そこに向かって計画を立てる。リスクも想定し、目標を達成するための計画を立て、リスクが発生したときには、違う計画で動けるようにする。実際に動き出したら、進捗を管理し、計画に修正が必要ならそれを行い、目標を達成する。

メンバーの3年後や5年後のキャリアビジョンやライフビジョンを把握し、それについて一人ひとりと話し合い、各々の課題を明確にし、能力開発を支援する。

職種や会社が変わっても、タスクマネジメントとヒューマンマネジメントの基本フレームは変わりません。この2つのスキルがあれば、どこに行っても通用します。

マネージャーでなくても、一定以上の専門性を有し、会社や部門、または顧客に対して有効な提案を行い、それが受け入れられ、成果に結びつく新たな価値創造ができるのであれば、600万程度の年収は安定的に望めます。自分は「何屋さん」なのかを見極め定義することは、組織で上を目指すためにも、転職や独立・起業をする場合でも非常に重要です。

年収800万を維持するコンピテンシー

166ページの表は、4等級レベルと呼ばれる部長クラスのコンピテンシーです。人を育てる「人材育成」、相手の話をよく聞く「傾聴力」、メンバーに仕事を任せる「業務

階層別コンピテンシー（5等級モデル）

■ 4等級レベル

理念浸透	会社の理念に共感しており、理念に基づいた言動を行う。その仕事が理念に則っているかを判断し、理念行動を促す。理念の実現に向けて、どんなときも理念に沿った言動をとる。
戦略策定	ビジョンに向かう戦略を策定する。組織メンバーに方針を示し、組織の向かう方向を明らかにする。戦略の具体化をし、実行の責任を負う。
変革力	これまでの慣習・前例にとらわれない新たな取り組みを行う。現状への危機意識を持ち、反対勢力に屈せずに、常に新しいことを常識にとらわれずに試行し、実績につなげる。
目標設定	達成基準が明確な目標を設定する。目標を正しく理解させるために周囲に働きかけ、組織目標を個人目標にブレイクダウンし、個々の目標設定を促す。
計画立案	無理なく目標達成することができる、考え抜かれた現実的な計画を立案する。
業務委任	メンバーに仕事を任せ、成長の機会を与える。委任するメンバーと判断基準をあわせ、責任は引き受けながら、権限を委譲し、自身はより重要な職務に時間を割く。
人材育成	メンバーそれぞれの能力向上を働きかける。個別の目標・課題設定を促し、評価し、よい点・改善点のフィードバックを行い、気づきを与え、成長させる。
解決案の提示	適切な状況判断を行い、解決のための複数の選択肢を案出する。それぞれの選択肢のメリット・デメリットを整理し、合理的な決断を促す。
異文化コミュニケーション	文化や価値観の違う人とコミュニケーションし、理解し、共感する。また自身の価値観や文化についての理解を得る。
傾聴力	相手の話をよく聞き、相手がわかってくれたと思うまで、理解する。理解を示し、相手の信頼を得る。

委任」などのコンピテンシーは当たり前に必要ですが、課長と部長の最大の違いは「戦略策定」と「変革力」です。この２つができると、年収は８００万以上になります。

課長と部長の違いは、非常に大きいです。課長レベルまで行く人が６割だとしたら、部長レベルまで行く人は２割程度。実際に部長まで昇格していたり、年収８００万以上をもらっている人でも「戦略策定」と「変革力」ができていない人は、黒字リストラされるリスクが高く、転職しても年収が６００万程度まで下がる危険性があります。

逆にいうと、「戦略策定」と「変革力」を身につければ、自社でも他社に行っても年収８００万以上、大きな企業であれば年収１０００万以上を望むことができます。この２つのコンピテンシーを中心に詳しく見てみましょう。

①「戦略策定」は、年収８００万の肝となるコンピテンシー

「戦略策定」とは、ビジョン（会社や組織の3年後・5年後のあるべき姿）に向かう戦略を策定し、具体的な方針を示すことです。

戦略とは、「やるべきこと」と「やらないこと」を明確に示すこと。車で目的地に向かう際に、高速道路を使うか、コストの安い一般道を使うかを選択するように、会社の

あるべき姿に向かう具体的な道筋を複数リストアップし、それぞれに関してのメリット・デメリット、具体的なリスクも検証し精査し決定します。長期的な戦略を策定するほど、経済動向・業界動向・マーケットの変化を大きく予見しなければならず、難易度が高くなります。

戦略を策定し実行すれば、他の選択肢は捨てることになります。誤った決定をすれば、顧客を失い、会社を潰すこともあります。組織のリーダーには、その重大な決断を下し、責任を取る覚悟が求められます。

部長になるには、一定以上の経験・知識はもちろん、戦略フレームを活用した事業戦略、組織戦略、人事戦略、財務戦略のいずれかに長けていることが重要な条件となり、高度な勉強が必要となります。だからこそ部長のコンピテンシーを本当に身に着けている人は希少価値が高く、大きな企業なら年収1000万以上を望むことができます。

「戦略策定」は、年収800万以上を得るための「肝」となるコンピテンシーです。

②「変革力」は、伝統や慣習にしばられないことが重要

「変革力」とは、会社や組織に重要な影響を与える新たな取り組みや大きな変革を実現

することです。伝統や慣習、成功体験にとらわれないアイデアを出し、組織に提案し、承認を得て、実行に移し、実績に結びつける。新たな価値を創造するためには、たとえ抵抗があっても、反対勢力に屈しない強さと覚悟も必要になります。そして、組織改革や新規事業の創出を行う際には、リスクや痛みをともなう場合もあります。

組織のリーダーは、常に危機感を持ち、さまざまな情報を収集し、多くの事例を研究し、積極的に現状を変えていく発想と行動が必要となります。

伝統や慣習にしばられている。過去をひきずっている。現状に満足し、危機意識がない。常識的な発想しかできない。反対されるようなことを言わない。長いものに巻かれる。こうした言動は、ＮＧです。

世の中の新たな取り組みや成功事例・失敗事例を数多く収集し、分析を深める。現状のまま進んだ場合の最悪なケースも想定し、一回、現状や過去を一切否定し、誰も考えつかないような発想をしてみる。反対されても貫き通すだけの現状を打破する改革案になっているかを検討してみる。「変革力」には、こうしたスキルが必要となります。

③「解決策の提示」は、複数の選択肢と最善の提案を示す

「解決策の提示」とは、問題の解決案を提示する際に、多くの情報収集をもとによく練られた複数の選択肢を示すことです。

専門的な分野については専門家から情報収集し、他の事例も検証するなど、決断者が決断を下すための選択肢を数多く提示し、メリット・デメリットや予想される結果を示します。そのうえで選択肢の中から最善策とその理由を説明します。その提言に説得力があれば、決断の際に大いに参考にされます。

例えば、経営陣に対して「こういう問題があります。このように分析した結果、A案、B案、C案という対応策が考えられます。私はB案がいいと思いますが、いかがでしょうか」と解決策を示す。この解決策も当然、戦略フレームなどを使って導き出します。

問題の解決策が、事業戦略や組織戦略、人事戦略、財務戦略と結びつくこともあります。事業の変革、新規事業の創造になる場合もあります。戦略策定や変革、解決策の提示までできれば、年収800万以上。非常に高度なスキルなので、1000万になる会社もあります。

戦略策定、変革力、解決策の提示は、いらないものを捨て、新たな価値を創造する力です。これができる人は少ないですが、できる人は転職しても重宝されますし、仮に定年後再雇用になっても、年収が大幅に下がることはないでしょう。

年収1000万を維持するコンピテンシー

5等級は、社長・役員・本部長クラスです。年収は1000万以上。このクラスに求められるコンピテンシーは、組織のビジョンを示すことです。

社長なら、全社のビジョンや将来像を策定する。ミッション、ビジョン、バリューを明確にする。中長期的戦略を立案し、組織を指揮する。

役員や本部長なら、組織ビジョンを明示し、中長期的なビジネス戦略を策定する。その戦略に基づいて組織を指揮する。管理部門なら、全社に影響を与える重要な事業、財務、人事戦略などを立案し、実行の責任を負う。

このクラスでは、経営理念に基づいた言動を行い、メンバーに働きかける「理念浸透」や、人材を育成するだけでなく、社内外の優れた人材を見出し、引き上げる「人材

階層別コンピテンシー（5等級モデル）

■ 5等級レベル

理念浸透	会社の理念に共感しており、理念に基づいた言動を行う。その仕事が理念に則っているかを判断し、理念行動を促す。理念の実現に向けて、どんなときも理念に沿った言動をとる。
ビジョン策定	中長期的な視野を持ち、多角的な視点を用いて、ビジョンを明示する。数年後のあるべき姿を描き、示す。
戦略策定	ビジョンに向かう戦略を策定する。組織メンバーに方針を示し、組織の向かう方向を明らかにする。戦略の具体化をし、実行の責任を負う。
組織運営	様々な組織階層や職種についての知見を持ち、それぞれを理解する。全ての人材について目を配り、成果を最大化する組織運営を行う。
人材発掘・活用	社内の優れた人材を見出し、引き上げる。また社外の優秀な人材を引っ張る。組織全体の人材育成を働きかけ、将来性のある人材を育てる仕組みを構築する。
人的ネットワーキング	社内外の人的ネットワークを構築し、活用する。企画を通すために根回し、理解を得て、実現への組織合意を形成する。多面的な分野の人材とのネットワークを持ち、協力を得る。
決断力	タイミングよく、必要な決断を下し、メンバーに明確に指示をする。他の選択肢を捨てることを厭わず、自らの決断に責任を取る覚悟ができている。
説得力	傾聴と発信により、人の考えや態度を自分が意図した方向へ変える。交渉がうまく、双方の Win-Win を示し、合意形成する。
信念	自分が信じる確固たる意志を持ち、反対や批判があっても前進する。成功に向けて情熱的に周囲に働きかける。

発掘・活用」、しかるべきタイミングで重要な決断を下して次の行動を指示する「決断力」などのコンピテンシーが必要になってきます。**中でも特に重要なのは「ビジョン策定」「組織運営」「説得力」、そして「信念」**です。それぞれ詳しく見てみましょう。

①「ビジョン策定」は、年収1000万における最重要コンピテンシー

「ビジョン策定」とは、中長期的な視野を持ち、会社や組織の数年後のあるべき姿を具体的に示すことです。３年後、５年後、自社や自部門はどのような姿をしているのか、何を実現しているのか、何を目指しているのか。世界や日本の動き、経済や景気、マーケットの動向、自社と競合のトレンドなど、多くの情報を集め、リスクも考慮した多角的な視点を持つことでビジョンを明確にし、社員や経営陣に提示します。

一方、経済、景気、マーケットの動向を注視していない。リスクを想定せず、夢物語になっている。木を見て森を見ずのビジョンになっている。これらはＮＧです。

状況を広く把握し、考え得るリスクを想定したビジョンを描く。細部にとらわれず、広い視野と高い視点からのビジョンになっていることが求められます。

経営全般に関する知識、将来を予見する力、人望、高い信頼性、発言力、人々を奮い

立たせるビジョンを示す人間力も必要とされます。

②「組織運営」は、全体的な視点を持つことが重要

「組織運営」とは、さまざまな階層や職種についての知見を持ち、すべての人材について目を配り、成果を最大化する組織運営を行うことです。総合職、一般職、アルバイトや派遣など、それぞれの職種や雇用形態ごとの役割や難易度、注意点などを把握し、諸々の問題の解決策を提示していきます。すべての異なった人材を尊重しつつ、組織として目指す方向を示し、大切な価値観を共有するような働きかけが必要となります。

一方で、価値観の違うメンバーに同じ方向性を持たせることができない。自分の組織の利益のみを優先し、全社的な視点に立たない。組織内で問題があっても混乱を放置し、問題を大きくする。このような行動はＮＧです。

異なるキャリアのメンバーに共通の目標を持たせられる。限られた職種に偏らず、全体的視点から組織やチームを運営する。組織内で起こるさまざまな問題点に対して、的確に対応する。社長や役員、本部長には、こうしたスキルが求められます。

自部門のみならず、他部門やさまざまな職種のメンバーと幅広く交流し、社内の人間

に対して広い知見を持ち、組織運営を行っていくことが重要です。

③「説得力」は、相手に応じて説得方法を変えることができるか

「説得力」とは、傾聴と発信により、人の考えや態度を自分が意図した方向へ変えることです。相手の話をよく聞き、思いや立場を理解したうえで自分の考えを伝え、自分が意図した方向へ導く。双方がWin-Winの関係になれるように、合意を形成できるポイントを提示し、相手の不安を払拭する。論理や客観性だけでなく、相手から感情的な否定をされないように理解を示す。リーダーには、こうしたコミュニケーションスキルが求められます。

ビジネスパーソンには、多種多様なタイプの人がいます。結論を早く求めリスクを厭《いと》わない人、周囲の意見を大切にする人、リスクを避けて実績を重視する人、決断までに時間がかかる人など、相手に応じて説得方法を変えるスキルが必要です。

戦略フレームやプレゼンテーション力、傾聴力などをすべて駆使して、経営陣や出資者に「そうだよな。わかった」と言わせるだけの説得力を持っている。反対する社員がいても、共感を得て、モチベーションを高めることができる。そんな力が必要となりま

す。

④「信念」は、組織のトップには不可欠

「信念」とは、自分が信じる確固たる意志を持ち、周囲の反対や批判があっても前進することです。経験に裏打ちされた自分の考えを情熱的に語り、それによって周囲から信頼され人望を得る。組織として進むべき道を決断したら、たとえ立場が上の人から否定されても、根拠を示し、信念を貫いて実行していく人間的な強さを持つ。決して逃げず、自ら責任を取る覚悟を示す。リーダーには、こうした行動や資質が不可欠です。

信念がありすぎて頑固になってしまうのはNGですが、批判されても安易に妥協せず、自身の考えを貫く。人の意見は聞きつつも、絶対に正しいと確信したときは、自分の意志で決断し、それが間違っていたら潔《いさぎよ》く責任を取る。リーダーには、そんな姿勢が求められます。

50代は「戦略」をつくろう

年収や階層ごとにさまざまなコンピテンシーを紹介してきましたが、50代にとって最も重要なのは「戦略策定」です。

組織の戦略がつくれれば、課長から部長に昇進することも、年収を600万から800万、あるいは1000万以上に増やすことも可能です。黒字リストラの候補になることもなく、転職しても年収を維持・向上させることが期待できます。

「戦略をつくっていなくても部長になっている人はいますよ」

「年収800万の人もいますよ」

そう思う人もいるでしょう。その通りです。年功序列で部長まで昇進し、年収800万、会社によっては年収1000万以上の人もいます。日本では社長だけが戦略策定をしている中小企業も多く、部長にはそこまで求めていないケースも少なくありません。

しかし、時代は変わってきています。

冒頭でもお伝えしたように、我々50代は、日本の人口のボリュームゾーンになっており、定年も延長されようとしています。人件費の肥大化によって、多くの企業では年功序列を維持することが不可能になってきました。その対策として黒字リストラが急増し、給与も過去を見る「後払い型」から今を見る「時価払い型」に移行する動きが始まっています。

企業も生き残るために必死です。中高年を減らすために知恵を絞っています。

大手では、年功序列であっても選抜された人しか部長に昇格できないので相当勉強されている方が多く、実際に優れた戦略を策定されています。

一方、中小では年功序列で部長になれるケースが多く、戦略策定の経験やスキルのない人も少なくありません。課長レベルの仕事しかしていない部長でも、年収1000万という場合もあります。

これは一見すると楽でいいように思われるかもしれませんが、こうした人がリストラ候補になりやすい「パフォーマンスより給与が高い人」の代表格なのです。リストラされて他社に移ることになったら、年収800～1000万だった人も、年収500～600万くらいまで下がる場合もあります。

課長クラスに必要な目標設定、計画立案、進捗管理などのコンピテンシーは、普通に仕事をしていれば、できるようになります。そんなに難しくない手法もあります。しかし戦略策定は、高度な勉強をしなければできません。ビジネススクールや大学院で考え方や方法論を学んだり、MBAを取得しても、本当に有効な戦略がつくれるとは限りません。

戦略策定が難しいのは、トライ&エラーの繰り返しからしか学ぶことができず、下手な戦略を立て実行したら会社が潰れるからです。当然、その責任も問われます。

僕も人事部長をしていたときには、戦略フレームについて必死に勉強しました。マーケティングの4P、環境分析の3C&W3C、競争戦略の5フォース、SWOT、PPM、2軸を使ったポジショニングマップなどを学びつつ、採用戦略や人事戦略を練っていましたが、経営陣からは相当叩かれました。相手のいろいろな要望に対して人事の専門性を伝えながら丁々発止《ちょうちょうはっし》やりあったり、多くの選択肢がある中でプレゼンテーションを駆使し「これをこうやるんです」と戦略を示したりして「わかった」と言ってもらうのは非常に大変です。ものすごいプレッシャーがかかりますし、つらかったですが、そのおかげで鍛えられました。

今は経営者として戦略策定を行い、自ら実行する立場ですが、僕が「よーし、1億円投資して新規事業をやるぞ」と無謀な挑戦をして失敗したら、会社は確実に潰れます。「ビジョンは5年後に50億円の売上だ」と、みかん箱の上に立って叫んでも、無理なものは無理です。冷静なマーケット判断、自社の力、プラス夢と分析力があったうえでビジョンを策定し、戦略をつくらなければ、会社を殺してしまいます。

だからこそ、戦略策定のスキルを身に着ければ、最強の武器になるのです。

部長でなくても、戦略をつくらなければいけない場面はいくらでもあります。営業であれば、クライアントに対する営業戦略、商品部であれば商品戦略を立案する必要があります。それを経営陣にプレゼンテーションする場合にも、戦略フレームを使って説明しなくてはいけません。研究職でも「何年間でここまでの研究をやっていく」という研究戦略が必要です。どんな業種や職種にも、すべて戦略があります。

部下がいない人であっても、年収800万以上を目指す、または維持していくためには、戦略と変革力が必要になってきます。自身の専門性の中で戦略を立てる。新たな価値を創造するために変革力を発揮する。部下はいなくても、プロジェクトをつくり、社内外のメンバーと協力して何かをやっていく。あるいは経営の重要決定事項に対して、専門的知見から解決案を提示できる。このようにして会社に価値をもたらす戦略や変革力がないと、年収800～1000万は難しいかもしれません。

ですから50代の皆さん、戦略をつくりましょう。 リストラされたり、転職する前に、自分の領域の戦略をつくって会社に提案してみたらいかがでしょうか？

認められたら、その価値があるということですし、認められなくても、学ぶものがあります。課長クラスと部長クラスの違いは、本当に大きいです。戦略策定ができる人を、会社はまずリストラしません。本当の戦略がつくれる人は、どんな会社でも大事にされます。

なぜなら、戦略策定ができる人は少ないからです。そんな人材がいるのなら、社外に流出してしまうより、自社でやってもらったほうがいいに決まっています。

まずは戦略作成会議に参画し、有益な情報や解決案を提示し、本部長や部長、年下上司から頼りにされる存在を目指しましょう。

第6章

中長期的なビジョンとプランを持とう

何歳まで働くのか、とりあえず決めよう

50歳になったら、キャリアや人生における中長期的なビジョンやプランを持つことが大事です。僕は約30年間、人事の仕事を通じてビジネスパーソンをずっと見てきましたが、50代に限らず、明確な目標やビジョンを持っている人はあまり多くありません。

就職や転職の面接で「5年後、10年後、どうなっていたいですか?」という質問に対して答えられる人は意外なほど少ないです。50代の方に「3年後にはどうなっていたいですか?」と尋ねても、「定年まで頑張りたいです」「中学生の娘が大学を卒業するぐらいまでは働きたいです」「最後の転職にしたいです」といった抽象的な答えがほとんどで、「○○までに○○をしたいです」と具体的に答えられる人は滅多にいません。

そして、**答えが具体的な人ほど入社してから活躍し、答えが抽象的な人ほどあまり活躍できない傾向**があります。

例えば僕だったら人事ですから「3年間で人事制度を整えて回せるようにします」といった回答になります。営業だったら「営業の責任者として3年後までに既存顧客のリ

ピート率を20%上げます」といった回答になるでしょう。「いつまでに具体的に何をするのか」「どのような価値を出すのか」ということを、ある程度、明確な形にすることは非常に大事です。

これは面接に限った話ではありません。

我々50代は、今後も10年、20年と働いていくことになるでしょう。それは長い時間にも思えますが、一方で限られた時間でもあります。何歳まで働くのか、それまでに何をしたいのか、とりあえず決めておくべきではないでしょうか。

例えば僕は56歳ですから、60歳だとあと4年なので、ちょっと短いです。では65歳まで働くとしたら、あと9年間で何をやっておかなくてはいけないのかと日々悩むわけです。会社をどうしようとか、後継者をどうしようとか、あるいは自分がこれまで学ばせていただいたことを集大成としてまとめていこうとか。65歳まであと9年と期限を切ることで、やっておかなくてはいけないことが見えてくるんですね。

実際に65歳に近づいたときに「いや、まだまだいけるな。70歳まで行こう」となっても全然構わないのです。「何歳まで働こう」と決めて逆算することによって、この1年は何をやらなきゃいけないんだっけ、次の3年は……といったことに思いが巡っていきます。

それがうまくいくかどうかは別として、何をすべきか、何をすべきではないのか、といったことはしっかり持っておいたほうがいいのではないでしょうか。でないと、日々流されていって、気がついたら60歳になっていました、あはは……、となってしまうと思うのです。

これまで20年、30年と働いてきて、「自分は何を残すのだろう」といったことがないまま、あと10年、20年という時間を漠然と過ごしてしまうのはもったいないですし、残せるものも残せなくなってしまいます。

とりあえず「僕は65歳まで働こう」とか「私は70歳まで働く」とか、期限を決めてみましょう。それによって見えてくるものがあるはずです。

それまでにどのように働くのか具体的にイメージしよう

何歳まで働くのか期限を決めたら、３年単位くらいで、何をするのか、どのように働くのか、具体的にイメージしてみましょう。

転職の面接で「定年まで頑張りたいです」「長く働きたいです」といった抽象的な志望動機しか言えない人がなぜ活躍しないのかというと、そこに自分の意志がないからです。

会社に入りさえすれば、どうにかなると考えている。何か仕事が与えられ、安定的に仕事ができて、安定的に暮らせるんじゃないか。そういう思いが「できる限り長く働きたいです」「最後の転職にしたいです」といった言葉に表れるのだと思います。

それは「会社は社員にできるだけ長く働いてほしいと思っている」という考えが前提になっているからでしょう。もちろん3ヶ月や6ヶ月で辞めてしまう人は、会社としては困ります。でも実際には「3年、5年ぐらいで成果を上げてほしい」と考えている会社も多いのです。「定年まで働きます」という人が欲しいわけではないんですね。

長く働くことは結果であって目的ではない。活躍する人なら、会社は「まだいてください」と言いますし、そうでなければ「そろそろいいんじゃないですか」となります。

逆に「僕は3年でここまでやって、次はこういうことをやりたいです」と**3年単位くらいで期限を決め、自分なりの目的を持っている人のほうが、結果的には長く働くことが多い**です。その期限までに目的を果たして成果を上げ、その会社でまだやりたいことがあるのなら、また3年やってみようと考えている。こういう人は活躍することが多く、会社も続けて働いてほしいと願うようになります。

いつまでに何をするのか。転職に限らず、人生の中長期的なビジョンとプランを持っておくことが大事だなと、僕は人事を長くやってきて強く実感しています。

僕自身も前職は3年で辞めているのですが、もともとは3年で辞めるつもりはありませんでした。それでも、3年間でとりあえず人事を立て直し、人事制度を入れ、それを回して定着させるまではやろうと決めていて、結果もそれなりに出せたと思います。

ところが「営業も見てほしい」と社長から言われてしまったのです。自分のキャリアプランとしては人事一本で考えていましたし、他社の人事も手掛けてみたいと考えるようになっていたので「僕は人事をやりたいので契約社員でも週4勤務でもいいので、副業で他社の人事もやらせてもらえませんか」とお願いしたのですが、それは難しいということだったので会社を辞めることになりました。

結果的に独立することになったものの、それが目的ではなかったのです。自分がやりたいことを実現するためには、どのような形がよいかを考えた結果、独立するのがよい、と決めたのです。自分にとってよかったのは、3年間でこれをやろうと目標を決めて実行できたことだと思います。

皆さんも、**これから3年間で何をするのか、今から目標を立ててみてください。**そのうえで1年目に何をするのか、2年目に何をするのか、具体的な計画を考えましょう。目標設定、計画立案、進捗管理といったタスクマネジメントと考え方は同じです。

50歳になったら、会社に何かを求めるのではなく、自分が会社に対して何ができるのか、どんな価値を提供できるのか、何を残せるのか、改めて考えてみましょう。50代になれば、仕事のやり方や進め方は、もうわかっています。ある程度の実績もあります。「私は○○をやりたいです。来年は△△をやって、再来年は□□をやりたいと思っています。どうでしょうか?」と言えば、会社も話を聞いてくれます。

自分はこうしたい、というところをしっかり持って、会社なり上司なりと話をして、上司から「ああ、じゃあ、こういうこともやってほしいんですよね」とか「えー、こっちのほうがありがたいんですよね」などと言われたとしても受けとめて、やるべきことを具体化していく。

異動があるかもしれないから中長期的ビジョンを立てるのは難しいと思う方もいるか

もしれませんが、50代の社員をそれまでの経験値をまったく活かせない部署に異動させることは普通ありません。あるとしたら、それは明らかなリストラです。管理職がまったく別の部署に異動になることはありますが、それならマネジメントスキルを活かすことができます。どんな部署でも通用するように、自身のスキルを体系化しておけばいいのです。

元プロ野球選手の新庄剛志さんが日本ハムの新監督に就任した際、1年契約ということが話題になりました。たとえ1年契約であっても、1年目に何をして、2年目、3年目には何をするという計画は立てたはずです。結果を出せば、契約も2年、3年と更新されていきます。

要はそれと同じことです。50歳になったら、これから自分は何をするのか、会社に何を残せるのか、中長期的なビジョンとプランを持ち、実行していきましょう。

これからの働き方は「100:0」ではなくなる

今後のビジョンやプランを考えるうえで参考にしていただきたい、新しい動きも起こっています。これからの日本では「100：0」という働き方が当たり前ではなくなっていくかもしれません。

普通、会社員は、月曜日から金曜日まで会社に通い、9時から18時までフルで働き、土日は休む、あるいは休日出社や残業をする、という働き方をしていますよね。自分の時間や労働力を100％勤務先の会社に提供しているわけです。

ところが、コロナ禍やDXの推進などによって、テレワークが普及し、「別に会社に行かなくても仕事はできるよね」という認識が定着してきました。それにともなって「ワーケーション」などの多様な働き方も広がっています。

ワーケーションとは、「ワーク（work）」と「バケーション（vacation）」を合わせた造語です。これまでは旅行や帰省中の一部の時間を仕事にあてる働き方として知られてきましたが、今はそれだけではないのです。

リゾートや観光地でテレワークをするだけでなく、サテライトオフィスやシェアオフィスで勤務したり、一定期間は地方に滞在して会社の業務と並行しながら地域交流を通じて地域課題の解決を考えるなど、幅広い働き方をする人が増えてきました。

山梨大学とクロス・マーケティングが実施した「ワーケーションに関する調査（20

２１年３月度）」によると、ワーケーション経験者は、「定着性」「勤勉性」「貢献性」「会社満足」「仕事満足」「生活満足」「ワークライフバランス」のすべての点で未経験者より数値が高いという結果が出ています。**パフォーマンスが高い人ほど、時間や場所から自由になれる働き方を志向する傾向がある**とわかってきたので、今後は優秀な人材の獲得のためにワーケーションを導入する企業が増えていくでしょう。

「副業」を認める会社も増えています。タニタや電通は、希望する社員に対して個人事業主（フリーランス）化して一日退職した後に業務委託契約を結び、「他社とも契約していいですよ」という制度を導入しました。また、正社員としての雇用契約を維持したまま「他社で副業をすることを認める」方式も増えてきました。

政府も副業やワーケーションを推進しています。

以前、ある官僚経験者に「なぜ政府は副業を推進するのか」と尋ねてみたことがあります。答えは「人手不足の解消」でした。地方や中堅・中小企業の人手不足は深刻です。雇用の流動化を含め、副業によって、その対策をしていくということでした。

副業やワーケーションを認める企業にとっても、社員が他社や地方で働くことによって、自社にない知見を獲得し、新たな価値創造に貢献することが期待できます。エンファクトリーのように「専業禁止」という人事ポリシーを掲げる企業も出てきました。

とはいえ、月曜日から金曜日まで週5日、9時から18時までフルで働いたうえで副業をしたり、地域社会で貢献活動を行うとなると、早朝か夜間、休日くらいしか活動する時間がありません。健康を害するおそれもあります。

そこで注目されているのが「週4社員」という働き方です。週4日は会社に勤務し、残りの1日は他社で働いたり、他の活動をする。勤務日が8割に減るため、給与も2割減りますが、その分、あとの1日は自由にしていいよ、という制度です。

みずほフィナンシャルグループが、希望する社員を対象として週休3～4日制を導入したのをはじめ、「週4社員ドットコム」というマッチングサイトもスタートしました。

その他にも、リクルートグループが1日の労働時間を増やして週休3日にしたり、マイクロソフトが給与を下げないで労働時間を減らす取り組みなどを始めています。

これらが示しているのは、本業の割合を「100：0」から「80：20」「70：30」などに減らしてマルチジョブ（多彩な働き方）を増やしていこう、とする新しい流れです。

野村総合研究所の「未来年表」（2021年11月発行）によると、副業をする人の比率はこれまで4％前後で推移してきましたが、コロナ禍以前から副業したい人の比率は33

%に達し、コロナ禍をきっかけにさらに増加。65歳以上の高齢就業者の増加などの影響もあり、2030年には副業・マルチジョブの実施比率は50%近くに達する可能性があるといいます。

僕たちが60歳や70歳になったときには、ひとつの仕事だけでなく、他の仕事もやることが当たり前の時代になっているかもしれません。

そうした未来も視野に入れて、今後のビジョンを考えていただきたいのです。

副業はできるだけしよう、ボランティアも可

副業や週4社員を認める企業が増えているのは、中高年の人件費削減も目的のひとつです。週4勤務を認めれば、給与を8割に減らすことができます。他社の仕事を経験して転職してくれれば、リストラしなくても中高年を減らすことができます。

そういう意味ではポジティブな目的だけではないのですが、50代社員にとってもメリットは多くあります。他社の業務に関わることで知見を広げ、本業のパフォーマンスを上げることができます。リスクのある転職や独立・起業をする前に、正社員として安定

的な収入や仕事を確保したまま、多彩なキャリア経験を積むこともできます。副業によって得たスキルや幅広い人脈を定年後の仕事に活かすこともできます。

60歳や65歳で定年になった後は、継続雇用になったとしても給与は下がります。本業の収入が減っても、それを補填しなくても生きていけるだけの退職金や貯蓄があれば話は別ですが、本業の収入が減った分、何かで補填したいとなったら副業をせざるを得なくなる場合もあります。「定年後の準備」という意味でも、今のうちから本業１００％ではない働き方を志向しておくことは大事なのではないでしょうか。

自身のキャリアやスキルを活かせる副業でも、本業とはまったく関係のない趣味の副業でもいいのです。顧問紹介のサイトには「２週間に１回来てくれればいいです」といった募集も多く、他社のアドバイザーをしている人もいます。本業のスキルや趣味を活かしてYouTubeや講演活動で稼いでいる人もいます。

お小遣いを稼ぐだけのアルバイト副業はあまりお勧めできませんが、キャリアアップができたり、自分の市場価値を高める副業であれば、定年後の働き方や人生の可能性を大きく広げることができます。

最初はボランティアでもいいのです。「タダでいいよ」と知り合いの会社のお手伝いをしたり、「電車賃だけでいいから」と、ちょっとしたアドバイスなどから始めてもいいでしょう。まずは他社の仕事に関わることに慣れ、「あ、これだったらお金をもらえるな」という手応えを感じたら、本格的な副業としてスタートすればいいのです。

今後のビジョンやプランを考える際には、副業として他社で働いてみる、他の仕事をしてみる、地方で何かしてみる、といった選択肢を加えてみてもいいのではないでしょうか。

週4社員、週3社員へのトライ

副業への感触を摑《つか》み、もし会社が許してくれるなら、週4社員、週3社員にトライしてみるのはいかがでしょうか。

企業が週4社員、週3社員という制度を実施するのには、いくつかの理由があります。

ハイパフォーマーに対しては、離職防止です。ハイパフォーマーが「別の仕事をやりたい」と転職を考え始めたときに、週4社員、週3社員という制度があれば、「週3日か4日はうちで働いて、あとの1日か2日でその仕事をやったら?」と選択肢を示して離職を食い止め、その社員のパフォーマンスが0になってしまうリスクを防ぐことができます。

普通のパフォーマーに対しては、ハイパフォーマーへと戦力化するための視野の形成です。外の世界を見てくることによって、自社に対してより高い価値提供をし、ハイパフォーマーになることを期待しています。

ローパフォーマーに対しては、覚醒です。他社の業務を経験することによって、目を覚ましてほしい。あるいは、別のキャリアへの視点を形成してほしい、という思惑があります。

いずれにしても、週4社員、週3社員という制度があればそれを活かして、副業やボランティアをしてみたり、あるいは大学院などに通って学び直すことによって、50代以降のキャリア形成をより豊かにする有意義な体験ができるはずです。制度がまだなくても、会社に申し入れたら、考えてくれるかもしれません。

副業や週4社員については、「出世に関わりませんか?」という質問をよくいただきます。これは関わってくるでしょう。あなたが今、出世競争をやっているのだったら、現在の仕事に没頭すべきです。そうではなく「この会社では、だいたい自分はここまでだな」と先が見えているのであれば、**多彩なキャリア形成をする方向に舵《かじ》を切ったほうがいい**と思います。

ベンチャー企業には、大手企業や有名企業の経験者を求めている会社が多くあります。大手のように年収1000万を払うことはできなくても、週1勤務で月に10万や20万の顧問料なら払えるというケースも少なくありません。

例えば、月収50万で週5日働いている人が、会社に交渉して月収40万に減らしてもらい、本業の勤務を週4日にしたとしましょう。週1日は他社で副業をして、そこで毎月15万を稼げたら、月収は55万に増えます。定年後の再雇用で収入が減ってからも副業を続けることができれば、減った月収を補塡することもできます。

大手や有名企業に勤めていなくても、希少価値のある専門性を有しているのであれば、市場価値は高く、自社より高い評価をしてくれる会社もあります。

だからこそ重要になるのは、「あなたは何ができますか?」ということです。自分は何ができるのかを明確にしておかなければ、大手企業の肩書があっても必要としてもらえません。専門性を明確にしておかなければ、副業を依頼してくれる企業もありません。

自身のキャリアを棚卸しして、「マネジメントの体系をつくれますよ」「資金調達の仕組みができますよ」「営業職の教育ができますよ」といった、自身が提供できる価値を明確にしましょう。

今後のキャリアビジョンを考える際には、自分はどんな価値を提供できるのか、どのような世の中に通用する力を持っているのか、といったことをぜひ考えてみてください。

独立を真剣に考える、しかし食えないかもしれないので準備は周到に行う

副業や週４社員を志向しておいたほうがいい、もうひとつの理由があります。それは、独立の準備になるからです。独立については、真剣に考えていただきたいです。

個人事業主になる、自分で会社を起業する、お店を始める。独立の方法はいろいろあります。50代のうちから会社をつくって準備だけはしておく、60歳や65歳になって定年後再雇用になってから副業として始める、定年後に退職し個人として起業する。時期も

いろいろな考え方ができますが、独立は50代になったら検討しておきたい選択肢のひとつです。

独立すれば、定年はありません。リストラもありません。組織や人間関係などの理不尽なストレスからも解放されます。自分次第で収入を大幅に増やすことも可能です。

検討してみる価値は十分にありますが、もちろんリスクもあります。失敗したら食えなくなってしまいますから、準備は周到に行う必要があります。

僕の経験上、独立を考える際に特に重要なのは、次の5つのポイントです。

①「何」をするのか?

定年後は、田舎に行ってそば店を始めました、ラーメン店を始めました。シニア向けのテレビ番組では、よくそんな成功談が紹介されていますよね。僕の知り合いでも、そば店を始めた人や、スイーツのお店を始めた人がいます。

お客さんがついて、生活費のかからない地域であれば、うまくいくこともあるでしょう。実際に成功している人もいますが、未経験の人がいきなり飲食店で独立するのはリスクが高いです。僕の知り合いも美味しいそばをつくっていたのですが、長く持ちませんでした。

いちばん安心なのは、やはり自分がこれまでやってきた仕事の延長線上で独立することです。僕の場合でいえば、人事ですね。僕が突然そば店で独立してもなかなか難しいでしょうし、スイーツのお店をやっても成功しないでしょう。もしやるのであれば、よっぽど慎重にしないと長くは続かないと思います。

現在の仕事の延長線上で独立するとしたら、何をするのか、何ができるのか、どんな仕事があるのか。まずはそこから独立の可能性を考えてみてはいかがでしょうか。

②初期投資を失っても生活できるか？

初期投資も大事なポイントです。お店をやるのであれば、初期投資がかかります。初期投資がかかるものについては、例えば「１０００万を突っ込んだけど、やっぱりダメだったね」となっても、生活していけるだけの資本があるかが重要です。そのお金をすべて失ったら路頭に迷うようであれば、やめたほうがいいでしょう。

しかし、**お金がかからない独立の方法**もあります。頭を使う仕事であれば、初期投資はそれほどかかりません。１円でも会社はつくれます。僕も資本金は３００万程度でした。

コーチングやコンサルティングのような「人に何かを教える仕事」は、初期投資がそれほど必要ありません。自分の人件費ぐらいで独立できる仕事もあります。自分がやってきたことで、人に何か教えられることはあるか。そんな観点でも考えてみましょう。

③仕事をくれる人はいるか？

独立をしても仕事をくれるのは、最初は結局、知り合いになることが多いです。だからこそ、早くからいろいろな人に会って社外のネットワークをつくっておくことが重要です。

異業種交流会もありますし、独立したOBなどに会って話を聞くのもいいでしょう。「今度、独立するんですよ」と伝えて、会社の外に人脈を広げていくのです。

ただ注意していただきたいのは、独立の話をすると「じゃあ、ぜひ仕事をお願いしますよ」と言ってくれる人が何人も出てきますが、それらをすべて真に受けてはいけません。

世の中そんなに甘くありません。いざ独立してみると「申し訳ない、今はちょっと」

と言われて、当てが外れてしまうケースが多くあります。僕の実感値では、**本当に仕事がもらえる確率は「11分の1」。**独立して10年以上経っている今でもそれはあまり変わりません。

何人かに「仕事を出すよ」と言われたからといって、安易に独立すると失敗します。人脈を広げながら、信頼できる有力なネットワークかどうかを慎重に判断し、「一定の仕事がもらえる」と確信できてから独立の決断をしたほうがいいでしょう。

④準備は最低1年

社外のネットワークを広げる、独立した人に話を聞かせてもらうなど、独立する前には最低でも1年くらいの準備期間は必要です。

僕が独立を真剣に考え出したのも、起業する1年ほど前でした。そこから以前に在籍していた会社で独立した人たちに会って話を聞いたり、ＯＢで人と人を繋げる仕事をしている人がいたので挨拶に行ったり、人脈の輪を広げながら準備を進めていきました。

独立した人の中には、成功した人もいれば、失敗した人も、音信不通になってしまった人もいます。いろいろな人に会って話を聞いていくと、自分が独立してもやっていけるかどうかの感触が掴めてきます。僕の場合は「一緒にやろうぜ」と言ってくれる、独立してから10年ほどの先輩がいたので、最初はその会社の軒下を借りて起業しました。

今の会社に在籍しながら副業をしたり、週4社員の制度を使って他社の仕事を経験しながら独立の感触を掴む方法もあります。準備は周到にしていきましょう。

⑤1年目は収入ゼロでも暮らせるだけの貯金をしておこう

独立しても仕事が軌道に乗るまでは時間がかかります。最初から会社員時代と同じくらいの収入を得られるとは思わないほうがいいです。こちらの独立を真剣に考えてくれる人間関係やネットワークが築けても、もらえる仕事があるかどうかはタイミング次第です。

最初の1年程度は、収入ゼロということも覚悟しておきましょう。なぜなら営業活動をしているときは、収入0円です。支出ばかりが増えていきます。独立する場合は、1年間は収入がなくても暮らせるだけの貯金と強い覚悟を持ってのぞみましょう。

書いたことは実現する

目標は紙に書くと実現する。成功者や経営者の多くがそう言っていますよね。独立する際、騙されたと思って僕もやってみました。起業する1年前から「やりたいこと」「やりたくないこと」を、どんどん手帳に書いていったのです。

初年度の売上目標は、2000万円と書きました。独立から1年後、売上は2020万円になりました。2年目は、3000万円と書きました、実際の売上も、3050万円になりました。不思議なことに書いた金額を大きく上回りも下回りもしないのですが、書いたことは本当に実現したのです。

それ以外にも「やりたいこと」として、定期コンサルの目標件数、10年間の年収計画、人事の専門講座「人事の学校」の開講、人事担当者の学びと交流の場「人事プロデューサークラブ」の設立など、夢や目標を書いてきました。それらもすべて実現しました。

満員電車には乗らない、ひたすらアポ取りする営業はしない、無駄な資料はつくらない、スーツじゃなければできない仕事はしないなど、「やりたくないこと」もたくさん書いていったのですが、それらもほぼすべて実現しています。

なぜ書いたことは実現するのでしょうか？

それは**目標が明確になるから**です。考えていないことは言葉にできません。書くためには、自分の思いを言語化する必要があります。自分でそれを読み、目標が不明瞭であったり、現実性が乏しければ、計画を見直さなくてはいけません。書くという行為を通じて漠然としていた目標が明確になり、達成計画を具体的に考えるようになります。

つまり書くという工程自体が、目標達成のための第一歩になるのです。

例えば、年間の売上目標が２０００万であれば、月に１７０万の売上が必要ということになります。それを実現するためには、自分が売れるものは何だろう、単価はいくらで、どれくらいの受注が必要になるのだろうと自然と考え、やるべきことが見えてきます。

日々の仕事に追われていると、夢や目標は忘れがちになります。手帳に書いたり、壁に貼ったりして常に視界に入れていると、それらを実現するための無意識の力のようなものが働き、習慣的に行動や思考に反映されるようになるのです。

これは独立に限りません。55歳でこうなりたい、60歳でこうなりたい、という目標をどんどん書いて、「こうなりたい」「こうなりたくない」という目標を意識すればするほど、それは現実になっていきます。自分はこうなりたいという目標が明確であればあるほど、そのためには何をすべきか、という行動も具体化していきます。

勉強会やセミナーはお金がかかりますが、書くだけならタダです。自分のキャリアを振り返り、「年収1000万の収入を得るためには何が必要かな」とか「こんな副業をしてみよう」と考え、ビジョンやプランを書くだけなら一切お金はかかりません。

それでいて書いたことは実現するのです。こんなにいいことはないです。

僕は41歳で書いたこの手帳を、56歳になった今でも大切に使っています（中身を入れ替えられる小さめのシステム手帳が良いと思います）。今後の人生に向けて、あなたの夢や目標もどんどん書いていってください。

第7章

まだまだ
これから、
楽しい人生が
待っている

1万時間の法則。まだそれだけの時間がある

自分にはこれといった強みも能力もない。何も積み上げないまま50歳になってしまった。今さら頑張っても遅い。そんな風に思っている人もいるかもしれません。

諦めるのは、まだ早いです。50代になっても、僕たちには、まだまだ時間がありま す。

「1万時間の法則」というものをご存知でしょうか？

1万時間の法則とは、仕事でも勉強でも、あることを1万時間やれば、その分野のエキスパートになれるという考え方です。２００８年に、イギリス出身の元新聞記者マルコム・グラッドウェル氏の著書『Outliers』（『天才！ 成功する人々の法則』〈講談社刊〉）で紹介され一躍有名になりました。

例えば、1日1時間、毎日ある分野の勉強をしたとします。1年間やれば、３６５時間。約30年で1万時間を超えます。

30年間と考えると気が遠くなりますが、1日8時間、ある仕事に集中して取り組んだ

とします。年間250日の出社で計算すると、5年間で1万時間に達します。ひとつの仕事で一人前になるには10年かかると言われていますよね、それより早いのです。

オリンピックで金メダルを取るのは若い子が多いですよね。彼ら彼女らは10年も経験していないはずですが、1日10時間練習すれば、10時間×365日で3650時間。それを3年やれば1万950時間。3年間で一流選手になれるという計算になります。

僕も人事という分野で、「これってこういうことなんだな」って、それなりに景色が見えてきたのは、この仕事に向き合って1万時間ぐらいのタイミングだったと思います。

これは我々50代にとって希望となる考え方です。

毎日10時間、何かに打ち込めば、3年間で新しいスキルを習得することができるのです。働きながら1日10時間は無理としても、1日5時間を年間200日やれば、10年で1万時間を超えます。1日3時間でも年間365日を10年間続ければ、その分野のエキスパートになれます。たとえ一流とまではいかなくても、一・五流くらいでも、十分食べていけるだけのスキルを習得できるはずです。

50歳から新しいことを始めても、60歳でその分野の一流になることは可能なのです。

55歳から始めても、65歳には新しいスキルを習得できています。

50代になれば、これまでやってきた仕事は1万時間を超えているでしょう。すでに一流の域に達しているわけですから、そこに新しい領域を加えれば、これは強いです。**5000時間しか経験していなくても、あと5000時間を足せばいい**のです。

自分には培ってきたものがない、これといった強みがないと思っている人も、これから身に着ければいいのです。今からでも1万時間、何かに打ち込み、10年続ければ、ひとかどの人物になれます。50代で最も重要なコンピテンシー「戦略策定」の勉強をする時間も、まだまだ十分あります。

僕らには、まだそれだけの時間があります。「50代だからもうおしまい」なんて老《ふ》け込んでしまうのは、もったいないです。これからの1万時間を大切に使いましょう。

時間の使い方を考えよう

時間は有限です。ヒマ潰しのためだけにゲームばかりしていたら、あっという間に60歳、65歳になってしまいます。

僕は『信長の野望』というゲームにハマって人生を狂わせそうになったことがあります。兵士を育て、農地を耕し、他国と交渉して国を大きくしていく歴史シミュレーションゲームだったので、天下統一するまで何十時間もかかります。娘が夜泣きする月齢だったのに、すっかり夢中になってしまい、夜眠れなくなりました。娘と一緒に始めた『スーパーマリオ』にもハマって、やめられなくなったこともあります。

でも35歳前後で「このままじゃ人生ダメになる」と気づいて、ゲームはやめようと決心しました。それ以来、ほとんどゲームはしていません。

ゲームを趣味として嗜《たしな》む程度ならいいと思いますが、そこに何十時間も費やすのだったら、何か別のこともできるんじゃないか、と考えてみませんか？

読書でもいいですし、今までやってきた分野の勉強を深めてもいい。ボランティアをやってもいい。タダでもいいから、他社の仕事を手伝ってみるのもいいと思います。それが副業に発展することもありますし、独立のきっかけになることもあります。

小説を1万時間読んだら、小説について語れます。YouTubeの番組をつくったら、登録者数が増えて副収入を得られるかもしれません。ゲームも、ただのヒマ潰しにするのではなく、研究を重ねて人に教えられるところまで打ち込めばそういう活かし方ができるかもしれません。

ずっと営業一筋でやってきたのに、50歳で法務に異動になって絶望したものの、10年間その仕事を続けて、法務の仕事で独立した人もいます。営業と法務の両方に詳しい人材は貴重ですから。

これから何かに1万時間打ち込めば、定年後に花開くかもしれないのです。

そうでなくても、自分が頑張ってやれること、好きでずっと続けていられることを見つけて、一生懸命やったら楽しいです。時間の使い方は考えましょう。

健康については、自分に厳しく

今後の人生を楽しく過ごすためには、やはり健康が大事です。適度な運動をして、健康診断や人間ドックには必ず行きましょう。

50代になると、身体のどこかにガタが出てきます。僕は一念発起してずっと行くことを避けてきた歯医者に通い、インプラント治療を行いました。身体のメンテナンスも、手遅れにならないように早めに始めておきましょう。

健康に留意し、時間を有効に活用すれば、まだまだ面白い人生が待っています。

「これだけはやめよう」「これをやってみよう」チェックリスト

最後に、本書のまとめとして「これだけはやめよう」「これをやってみよう」という、50代の行動のチェックリストを載せておきます。つくっていて自分でも改めて、「気をつけよう」「やってみよう」と思いました。

本書のアンケート結果を見ると、20～40代の若い世代は、50代自身の自己評価よりも、50代社員を高く評価しており、期待もしてくれています。

適切な危機感を持ちながら、これからも自分自身を成長させていきましょう。

「これだけはやめよう」チェックリスト

職場の振る舞い編

□昔の常識に当てはめて「最近の若いやつは……」と若者を批判する
□過去の栄光や武勇伝を自慢げに話す
□飲みに行くと同じ話ばかりする（著者、反省……）
□部下や後輩と飲みに行ったときにワリカンにする
□二次会に強引に誘う
□若い人たちの二次会に割り込む
□カラオケで「男の歌を歌え！」と昔の歌を歌わせる（昔、上司にされたこと）
□自分が経験したことのないことに対して異常に抵抗するだけで行動しない
□仕事中どこにいるかわからない
□したり顔で会社や経営陣の批判をする
□人の悪口を言う
□自分の過ちを認めない、素直に謝れない
□上司の依頼は聞くが、若手のお願いは聞かない

□「もはやいい歳だし」と言い訳し、改善や努力をしない
□デジタルツールやシステムの操作を若手にやらせる
□デジタルツールやシステムの操作を覚えず、何度も聞く
□具体的な解決策がなく、根性論や精神論で切り抜けようとする
□手柄は自分のもの、失敗は部下・後輩のせいにする
□人前で延々と説教をする。説教することが教育だと勘違いしている
□雑用は女性がやるのが当たり前だと思っている
□人の話を最後まで聞かない
□話が長い。「あの人、話長いんだよね」と言われる
□においに鈍感である（加齢臭は気をつけましょう）
□「どうしましょう」を連発し、「こうしよう」とは言わない
□担当外の仕事を避ける

ハラスメント編

□業務時間中にぐいぐいプライベートについて聞いてくる
□無理やり、ランチや飲み会に誘う
□友達感覚で、異性社員に「ちゃん」づけする

□カラオケで歌うことを強要する（カラハラと言うそうです）
□どなる
□余計なボディタッチが多い
□異性社員をじろじろ見る
□ＳＮＳで友達になろうとする
□業務外のことをLINE等で話しかける

恥を感じない編

□「うぃー」「……しゃー」など、いちいち唸《うな》る（おじさんにとても多いです）
□人前で「カーッ」と痰《たん》を吐く、吐くための音を出す
□つばや痰を道に吐く
□電車で大股を広げ、１・５人分のスペースを取る、荷物を隣に置く（おじさんだけではないです）
□電車で並んでいる人の順番を抜かす
□電車で座るためにダッシュする
□職場で歯間ブラシやつまようじを使う
□店員さんに横柄な態度を取る
□掃除をしてくださる人に横柄な態度を取る

□とにかくどこでも横柄な態度を取る
□ペットボトルの中身が入ったまま、捨てる
□口から謎の不快音を出す
□鼻毛や耳毛を人前でつまんで抜く
□紙をめくるときに必ず指を舐《な》める
□いつも貧乏ゆすりしている
□ボールペン、シャーペンを頻繁にカチカチしている
□爪の手入れをしていない（小指の爪だけ長い）
□食事のときに汚い音（くちゃくちゃ）を立てる
□加齢臭がきつい、体臭、口臭のケアをしていない
□逆に香水の匂いがきつすぎる
□体のサイズに合っていない服を着ている
□ワイシャツにアイロンをかけていない
□とにかく汚らしい

「これをやってみよう」チェックリスト

自身のビジネススキルを棚卸しよう

□自分は何屋だろうか（営業や人事や管理職屋……）

□自分の強みをできるだけ多く書き出そう

・その中で、もっと伸ばせる強みは何か、いくつか特定しよう

・人にも聞こう

□自分の弱みをできるだけ多く書き出そう

・人にも聞こう

・その中で、致命傷になりかねないものはないか、確認しよう

（著者は、計画嫌いで、人の話を聞くのが苦手なので、気をつけています）

□自らの専門性で体系化できることはないか（人に伝えられることはないか、確認しよう）

・「こうすればこうなる」というものを書き出していこう

（お客様の話を聞けば聞くほど、受注につながる……等）

□デジタルツール

・とにかく使ってみる

・教えてもらったことはメモし、2度と聞かなくてよいようにする

汎用的なマネジメント力を確認しよう

□タスクマネジメント力
・明確な目標をいつも設定しているか
　どうなったらその目標が達成されたと言えるか、明確にしよう
・リスクを想定した計画を立案しているか
　リスク発生時のPlanB. PlanC. はあるか
　計画はスケジュールに落とされているか
・計画の進捗を管理し、計画通りでないときには、PlanB. PlanC. を発動しているか
　計画を常に早めに実行するようにしているか
・必ず目標を達成しているか
　あきらめていないか、よい方法はないか、常に考えているか

□ヒューマンマネジメント力
・協調性は十分か、確認しよう
　人の話をよく聞いているか
　相手の気持ちに共感を示しているか

・主体性は十分か確認しよう
　自ら考え、行動しているか
・人材育成力はあるか
　育てるべき相手のキャリアビジョン、キャリアプランを共に考えているか
　育成計画を一緒に考えているか
　適切なタイミングで助言をしているか
・傾聴力はあるか
　相手が「わかってくれている」と思うまで、話を聞きつくしているか
　相手が「なぜそのようなことを言うんだろう」と疑問を持ち、発言の背景や気持ちを考えているか
□プレゼンテーション力はあるか
　プレゼンテーションに関する書籍を読む
　TEDを見てみる
□説得力はあるか
・傾聴と発信により、相手との Win-Win になれる結論を導き出す
□人材発掘
・広く組織内外の人材を把握する

□人脈力
・社内外の人と多く繋がる
□リーダーシップ
・戦略について学ぶ
戦略フレームを学んで、いまのビジネスを分析してみる
・数年後を描く
自身の数年後のビジョンを書き出してみる
ビジョン実現のための戦略（道筋）を書き出してみる
いつまでに何をするか明らかにする
それはワクワクするものか、改めて考えてみる

若い人との付き合い

□自分より若い人たちのほうが優れているところをあげてみる。そして尊敬する
□仕事で困っている若手がいたら、「何かあったら力になるよ」と声をかけてみる
□求められたら手伝う
□若手から飲みに誘われたら、気持ちよく奢ってあげる

余暇の過ごし方

□社外の新しいコミュニティに参加してみる（趣味でもなんでもよい）
□自分が知らないことを勉強してみる
□一生懸命になれる趣味を見つける

健康

□定期的に人間ドックを受ける
□適度に体を動かす習慣をつける
□予約制のパーソナルトレーナーを見つける

身だしなみ・ふるまい

□自分の身だしなみを改めてチェックする
□パーソナルスタイリストにコーディネートしてもらう
□あいさつは、とにかく元気よく
□マナーでは、人の模範になるようにする

おわりに　――頑張ろう50代

僕たちは50代になりましたが、昔の50代とはだいぶ違っています。昭和の50代のような大人にはなれなかったかもしれませんが、令和の50代は若いです。

我々は昭和で言えば30代後半くらいの時期なのだと思います。人生を山に見立てるなら、頑張り次第で、まだまだ上へ登っていけます。

本書は当初『弱者の戦略』という仮タイトルがついていました。若い世代の管理職から「50代は使えない」「扱いにくい」「変化しない」といった話をよく聞いていたので、そんな「弱者」である50代であっても、意識を変えることによって今後の人生を変えていける、というメッセージをお伝えしようと考えていたのです。

ところが、20〜40代の人たちに50代社員についてアンケートを行ってみると、想定していた結果とは少々違っていました。我々50代は、自分たちが思っているほど若い世代から嫌われているわけでも、疎《うと》まれているわけでもなかったのです。

適度に期待もされているし、適度に尊敬もされているし、適度に便利だと思われています。ですから、適切な自信を持って、今後も頑張っていきましょう。

ただ、我々はもう大人です。客観的に自分を見ることも、周囲の意見に耳を傾けることも大事です。自分のいい点と改善すべき点を整理し、いい点は伸ばし、改善すべき点は改善する。「もう俺には無理だから」とか「今さらやっても」と開き直った態度はいちばん嫌われます。ダメな点は努力をしたり、サポートしてくれる人に感謝し、真摯に成長していこうとすれば、まだまだ幸せに楽しくやっていくことができます。

多くの人が言っているように、何かを始めるのに遅すぎるということはありません。

1万時間かければ一流になれる領域だってつくれるのです。時間を大切にして、有意義な50代を過ごしていきましょう。

五木寛之さんの著書『孤独のすすめ』（中央公論新社）に、これからの世の中は老人を嫌う「嫌老社会」になっていくだろうと書かれていました。また、嫌うだけではなく、老人を排除する「排老社会」になり、社会が分断されていくのではないか、と危惧されていました。

89歳の高齢者が運転する車が暴走して死傷事故を起こしたり、24歳の若者が電車の中で72歳の男性をナイフで刺したりする事件が起こっています。20〜30代の若者は「老人いらねえよ」、70〜80代の高齢者は「いまどきの若いやつは」などと、自分と離れた世代を憎み、疎ましく思う世代間ギャップがどんどん広がっているような気がします。

我々50代は、どちらの世代の気持ちも理解し歩み寄ることができます。両者を繋いで、世の中の分断を防ぐ重要な役割も担っているのではないかと思います。

50代になると、会社や組織、社会を動かせる一定の力を持つようになります。会社では20〜30代を適切に導き、社会では70〜80代がハッピーに暮らしていけるような働きかけをする。そして、これからの時代を生きる子供たちの世代に向けて、次の良い世の中を提供していく。そんなことも意識したほうがいいのではないでしょうか。

僕たち50代には、やるべきことが、まだまだたくさんあります。諦めている場合ではありません。一緒に50代を頑張っていきましょう。

最後に、本書の出版にあたり多くの方にご協力いただきました。編集・構成に多大な力を貸していただいた谷田俊太郎さん、ＰＨＰ研究所の西村健さん、姥康宏さん、フォー・ノーツの曽根さん、西川さん、雲見さん、軍司さん、そしてさまざまなヒントをいただける多くの経営者やクライアントの人事担当者の皆様に、この場を借りて感謝の意を表したいと思います。

そして、本書を手にしてくださいました読者の方々に心より御礼申し上げます。

令和4年3月

西尾　太

参考文献

『日本経済新聞』２０２１年6月9日付
『成熟脳―脳の本番は56歳から始まる―』黒川伊保子著（新潮社）
「Google：マネージャはやはり重要な存在である」https://www.infoq.com/jp/news/2017/02/google-managers/
『NO RULES（ノー・ルールズ）世界一「自由」な会社、NETFLIX』リード・ヘイスティングス著／エリン・メイヤー著／土方奈美訳（日本経済新聞出版）
『天才！　成功する人々の法則』マルコム・グラッドウェル著／勝間和代訳（講談社）
『孤独のすすめ―人生後半の生き方』五木寛之著（中央公論新社）

PHP
Business Shinsho

西尾 太（にしお・ふとし）
人事コンサルタント。フォー・ノーツ株式会社代表取締役社長。「人事の学校」主宰。1965年、東京都生まれ。早稲田大学政治経済学部卒。
いすゞ自動車労務部門、リクルート人材総合サービス部門を経て、カルチュア・コンビニエンス・クラブ（CCC）にて人事部長、クリエーターエージェンシー業務を行うクリーク・アンド・リバー社にて人事・総務部長を歴任。これまで1万人超の採用・昇格面接、管理職研修、階層別研修、人事担当者教育を行う。パーソナリティとキャリア形成を可視化する適性検査「B-CAV test」を開発し、統計学に基づいた科学的なフィードバック体制を確立する。
著書に『人事の超プロが明かす評価基準』（三笠書房）、『超ジョブ型人事革命』（日経BP）などがある。

PHPビジネス新書 438
人事の超プロが教える
会社員 50歳からの生き残り戦略

2022年3月29日 第1版第1刷発行

著　者　西尾　太
発行者　永田貴之
発行所　株式会社ＰＨＰ研究所
東京本部 〒135-8137 江東区豊洲5-6-52
第二制作部 ☎03-3520-9619（編集）
普及部 ☎03-3520-9630（販売）
京都本部 〒601-8411 京都市南区西九条北ノ内町11
PHP INTERFACE https://www.php.co.jp/
装　幀　齋藤　稔（株式会社ジーラム）
組　版　株式会社PHPエディターズ・グループ
印刷所　大日本印刷株式会社
製本所　東京美術紙工協業組合

 ISBN978-4-569-85147-1

「ＰＨＰビジネス新書」発刊にあたって

わからないことがあったら「インターネット」で何でも一発で調べられる時代。本という形でビジネスの知識を提供することに何の意味があるのか……その一つの答えとして「**血の通った実務書**」というコンセプトを提案させていただくのが本シリーズです。

経営知識やスキルといった、誰が語っても同じに思えるものでも、ビジネス界の第一線で活躍する人の語る言葉には、独特の迫力があります。そんな、「**現場を知る人が本音で語る**」知識を、ビジネスのあらゆる分野においてご提供していきたいと思っております。

本シリーズのシンボルマークは、理屈よりも実用性を重んじた古代ローマ人のイメージです。彼らが残した知識のように、本書の内容が永きにわたって皆様のビジネスのお役に立ち続けることを願っております。

二〇〇六年四月

ＰＨＰ研究所